「学ぶこと」を考える

慶應義塾日吉キャンパス
極東証券寄附公開講座編集委員会――編

発行●慶應義塾日吉キャンパス

かも、それはたんに何かを学ぶという「学習」の場における技術や方法の変化にとどまりません。それは私たちの思考方法や世界観、生き方そのものにも影響を与え、価値観の根本的な再検討を求めるものとさえなっています。

私たちはどのような時間を生きてきたのか、また私たちの前にはどのような問題が立ちはだかっているのか、その問題を解決するために私たちには何が求められているのか。つまり、私たちは自分たちを取り巻く社会の、あるいは世界の歴史を振り返りつつ、同時にその将来を見据えながら、私たち自身が拠ってたつことのできる新たな確固たる足場を構築する必要に迫られているのです。

世界を眺めても、周囲を見まわしても、あるいは自分の足元に視線を落としても、たしかに私たちは明るい未来を思い描くことの難しい状況に置かれています。しかし、先行きが不透明だからこそ、新しい時代をよりよく生きるための指針を見出す努力を惜しんではならないのではないでしょうか。

そうした努力の一歩としてこの講座を活かしたい――本講座を学生だけに限定しない公開講座として広く地域や社会からの参加を募ったのも、さまざまな分野・領域において時代のINNOVATORとして第一線で活躍する方々を講師としてお迎えしてプログラムを構成したのも、こうした思いがあったからにほかなりません。そして、この思いは本書にもそのままの形で反映されています。

講師の方々には、私たちが考えた講座の趣旨・目的を事前にじゅうぶんにご理解いただいた上でご出講をお願いしました。その結果、どのようにしていまの自分があるのか、現在どのような問題に取り組みつつあるのか、あるいは今後取り組むべき課題は何であるのかなどについて、それぞれの講師がご自分の「学び」の経験に即して、具体的かつ創意工夫をこらして語ってくださいました。「目からウロコが落ちたようだ……」。参加者から寄せられたアンケートの声にすべてが尽きているのだと思います。

本講座の参加者にとってそうであったように、本書を手にされる方々にとっても、このささやかな書物があらためて「学び」について多角的に考える機会となり、「学ぶ」ことの意義や方法、問題意識の活性化につながれば幸いです。

二〇〇一年九月

慶應義塾日吉キャンパス極東証券寄附公開講座運営委員会

目次

「学ぶこと」を考える

歌舞伎の心を伝える

中村富十郎

中村富十郎（なかむら　とみじゅうろう）

一九二九（昭和四）年、東京に生まれる。父は歌舞伎役者の四代目中村富十郎、母は舞踊家の吾妻徳穂。慶應義塾普通部を中退して大阪へ転校したが、一九四三年、大阪の中座で四代目坂東鶴之助として初舞台を踏み役者の道へ進む。六四年六代目市村竹之丞を襲名、七二年には五代目中村富十郎を襲名して現在に至る。人間国宝、日本芸術院会員。

●生い立ち

私は、父親が四代目富十郎、母親が舞踊家の吾妻徳穂です。母は私が産まれる寸前までお稽古をしていました。私はいってみれば母親のお腹の中で揺られて産まれてきたわけです。

私は小さいころから歌舞伎の楽屋へ行き、父の友達だった八代目三津五郎のおじさまとか、十三代目仁左衛門のおじさまから坊や坊やとかわいがっていただきました。

母方の祖母もまた舞踊家で、この祖母にもかわいがられましたから、まさに踊りと芝居の中で育ったようなものです。物心がつくと自然と何か踊らされていました。踊りの稽古は四歳で始め、芝居の真似もしていました。

初舞台は昭和十八年です。大阪の中座で『鏡獅子』の胡蝶をやりました。芸名は四代目坂東鶴之助といい、そのときの小姓弥生のちに獅子の精の役は父でした。戦争中のことで、父は私を役者にするつもりもなかったので初舞台が延びて、私は十四歳になっていました。

でも今もこうして歌舞伎役者をやっておりますが、私は子どものころからごく自然に自分は役者になるのだと思っておりましたし、好きでもあったのです。大先輩の名優の芸を見て感激もしましたし、いろいろと経験もありました。

踊りのお稽古も大好きでしたが、稽古をする時間はあまりありませんでした。年に一度の母の大きな舞踊会に出るようなとき、その間際に稽古をさせられるといったぐあいで、毎月きっちり稽古したわけではありません。

でも芝居はよく観ていました。鮮烈に覚えているのは六代目尾上菊五郎さん、初代の中村吉右衛門さん、五代目中村歌右衛門さん、七代目松本幸四郎さんです。先輩方のすばらしい芸にわからないながらも感激して、これはすばらしい人だ、この芸はいいなといつも思っていました。関西に行ってからも、六代目菊五郎さんが大阪へおいでになったときには、大阪の劇場で観て感激しました。終戦後に六代目さんを見て、早く東京に帰りたいと思いました。そして後にその六代目さん由縁《ゆかり》の菊五郎劇団に入門して、尾上松緑にいさんという、よき先輩に恵まれて教えを受けたのです。

六代目菊五郎さんは昭和五年に画期的な日本俳優学校をつくり、短い期間ですが校長をしていました。よく役者の世界では、あれは誰々の学校で芸の育ちがいいという言い方をします。本当に学校に入るという意味ではなく、あの役者はいい教育、いい芸の教育を受けているということを、一口に「学校がいいから」と先輩が言っていました。青年時代の後半を菊五郎劇団という、いわば菊五郎学校で二年間お世話になったことも、現在の私の基礎の一つです。

●武智鉄二との出会い

菊五郎劇団に入る前に、関西でいわゆる武智学校、武智歌舞伎に参加しました。武智歌舞伎というのはジャーナリストがつけた名前で、正式には「若手花形歌舞伎」といいます。これは松竹が役者を提供し、はじめの頃はその役者を武智鉄二[*1]さんがご自分のお金で借りて一回か二回手興行を打ったものです。

今東京にある東京都民劇場と同じように、大阪市が実験劇場というのをつくり、新劇をはじめいろいろやったのですが、その実験劇場の中に、武智先生と八代目三津五郎のおじさんが指導する我々の歌舞伎が入りました。昭和二十四年に始まって断続的に昭和二十七年頃まで続き、後半は松竹の本公演にも組みこまれました。

武智先生と三津五郎のおじさんが試みたのは歌舞伎の再検討です。歌舞伎は歴史が長く、上方の歌舞伎、江戸の歌舞伎、義太夫劇、新作物、舞踊劇、能から来たものとさまざまです。武智先生たちは、それらルーツを勉強しなければ歌舞伎役者としての基礎が弱くなるから、若い役者たちに勉強させようと松竹の当時の白井松次郎会長に持ちかけて、私たち若い役者の修業の場をつくってくださったのです。

義太夫劇あり、真山青果[*2]劇あり、岡本綺堂[*3]劇あり、また河竹黙阿弥[*4]の芝居もありという多彩なもので、私たちはすべて専門的に勉強しました。義太夫なら文楽のトップクラスの山城少掾さんとか先代の綱大夫さんが来て教えるのです。『勧進帳[*5]』をやるときは、能の『安宅』を勉強して、これは七代目團十郎さんが能の『安宅』から創ったものだからというので、京都の、今の井上愛子先生（四代目井上八千代）の亡くなったご主人の、観世流の先代の片山九郎右衛門先生の一派の方を呼びました。

歌舞伎と能では、「勧進帳」の読みあげ方一つでも違います。能ではこういうふうに読み上げる、歌舞伎はこういうふうに言う。中啓《ちゅうけい》（扇の一種）も、能と歌舞伎では持ち方や扱い方がちがいます。能の真似をする必要はありませんが、能のやり方を知ったうえで歌舞伎の勉強をやらなければ『勧進帳』をやる意味はないというのが、武智先生と三津五郎のおじさんの考えでした。『弁天小僧』をやったときは、以前六代目菊五郎さんの一座にいた、わたしの伯父に当たる尾上菊次郎が、音羽屋風のやり方を教えに来ました。また、岡本綺堂の『鳥辺山心中』をやったときは、（三世市川）寿海のおじさまがいらして丁寧に教えてくださいました。

ふだんから後輩は先輩に習いに行くのですが、寿海のおじさまが全体を演出するような形で教えるということは、めったにないことです。武智先生と三津五郎のおじさんの熱意でそれができたのだと思います。

武智先生は戦争中に、これも自分でお金を出して断絃会という会をつくり、片山さんはじめ名人級のお能をお客様には無料で見せて、しかも出演料を払っていました。戦争のために見る機会がなくなっていた一流の古典の芸を見せる会をつくったのです。歌舞伎でも能でも、もとを知っていなければだめだというのが武智先生の考えでした。私たちも先輩なり親なりに同じことを言われていますが、それを改めてきちんとやったのが武智歌舞伎です。

例えば、お芝居で歩くというと、歩くことだけで半日ぐらい稽古をしました。私は当時、金春流の名人の桜間道雄さんのところに行かされて、そこで足の運びばかりやっていました。能の足の運びを覚えると、芝居の『勧進帳』で出てくるとき、たとえ歌舞伎の歩き方であっても随分違ってくるのです。

これは推測ですが、七代目團十郎さんが『勧進帳』を初演したとき（一八四〇年）には、能楽の人の指導で勉強したに違いありません。当時は江戸時代で、能役者と歌舞伎役者では社会的には身分が違い、歌舞伎役者は能に接することすら許されなかった。それほど厳しかったのですが、何か、そんなことがあったのではないかと思います。武智歌舞伎はそれを再検討しようという運動でした。

今でもある役をするときは、まずきちんと先輩の演技を学ぶのが基本です。

あの頃はいろいろな角度から思う存分研究する時間が持てました。たまたま終戦後でもあり、芝居が毎月あかない時分でしたから、暇があったし、私たちは幹部俳優の息子で生活に心配がなかったので、稽古に専念できたのです。今ではちょっと難しいかもしれません。

学校の時間割ならば、今日はお能の時間、今日は歌舞伎の時間といって一時間たつと終わってしまいますが、武智歌舞伎は夜中になるまでやっていました。帰りが遅くなれば、劇場に泊まったり劇場の裏の寮へ泊まったりしました。不幸中の幸いというのか、戦争が終わって時間だけは余裕のあるときにそういう稽古ができたのです。

この武智歌舞伎で私は女形から役を広げ、『頼朝の死』の重保、『元禄忠臣蔵』の「御浜御殿」の富森助右衛門、同じく『元禄忠臣蔵』の「大石最後の一日」の磯貝十郎左衛門、『番町皿屋敷』の青山播磨などがレパートリーとなっていきました。

私財を投じた武智先生は裕福でしたが、亡くなる頃は経済的にご苦労されていました。

●他流で鍛える

舞踊の話になりますが、母には、四歳のときに『羽根の禿』を教わったぐらいで、あとは祖母に習いました。その後は坂東流の方とか、藤間流の方にも教えていただきました。私はよき先輩方に恵まれて、他流の方のところに勉強に行きました。

六代目菊五郎さんは、十代で九代目團十郎さんに預けられていた頃は、ほとんど舞台に出ないで九代目の家で稽古ばかりしていたといいます。私もまた、家柄は違ってもすばらしい先生のもとで勉強させていただいたといえるでしょう。母もあえて手を出さなかったのだと思います。

古典を学ぶ場合、他流で鍛えられることは大事なことです。能は自分の家で父親なりに教わるいわば純粋培養ですが、歌舞伎の場合は親に教わることは少ないのです。親だとどうしても怒りすぎたり厳しすぎたりするし、子供も親に甘えますから、ほかの先生に習ったほうが芸は身につくというのが私の実感です。

私は松緑にいさんのそばには数年間いましたが、松緑にいさんは夜を徹していろいろ芝居の話をしたり、細かくいろいろなことをおっしゃる方でした。

私が『魚屋宗五郎』[*6]を習ったのは三十代の頃でしたが、世話物は、手ぬぐい一つの扱いにしても、お茶の飲み方、お酒の飲み方にしても、細かいことがうるさいのです。ふだんの稽古でも一通りは教えてくれるのですが、にいさんの家へ伺って夜ごちそうになっているときに、一杯飲みながら、おお、おまえ、やってみろと言われてやることがよくありました。手ぬぐいを持って、殿様にお手打ちになった妹のお蔦のことを、「不義をしたから武士の掟、手打ちにした、と言われちゃあ」、ポンと手ぬぐいを置いて、「おらあ、指をくわえてケエらなくちゃならない」と言う、そのポンと置く間が難しい。

松緑にいさんは、宝塚の若い女優さんたちからも慕われていたので、よく、宝塚の皆さんもお家へ遊びにみえましたが、そこでやれと言われたときは、恥ずかしくてうまくいかないものでした。

六代目菊五郎さんがそうだったようです。プライベートで、家へ行ってお酒をいただいているときに肝心なことを言う。学校でいえば、教室での話も大事ですが、教室以外のところで教える。芸の伝承はそういうほうが多いかもしれません。何時から何時までという稽古だけだと、どうしても通りいっぺんになってしまうのです。

ふつうの稽古で、この後輩はどのぐらい熱意があるのか見ていらっしゃるんです。ひと通り稽古がすんでから、こちらからにいさんやおじさんに、ここはどうするんですかと聞くと、それはこうやるんだよと、今まで言わなかったことを言ってくれます。そこが大事です。

歌舞伎には型、いわゆるフォルムがあって、その段取りというか演技の手順には、先輩方が長年伝承してきたものがあります。そういう手順は、舞台の横で見て覚えるものでした。今はビデオがありますから非常に便利になりましたが、昔は見て自分で覚えてから来いと言われました。そうやって覚えたものを私たちにやらせてから、初めてそこは駄目だなどと言うのです。素人みたいに一から教えることはできないと、いつも怒られました。松緑にいさんにいきなりやってみろと言われたり、きちんと相対してお稽古をお願いしますと言う前に、まず見て覚えました。

尾上梅幸にいさんの『保名』を、千穐楽《せんしゅうらく》の明くる日に特別プログラムで私が踊らせていただいたことがありました。にいさんの『保名』を毎日毎日、二十五日間拝見して、つまり舞台の蔭で見て覚えました。見て覚えて、それを後でにいさんに見てもらう。梅幸にいさんは見て覚えてくれとおっしゃって一度も振り付けの稽古はしてくれませんでしたが、見て覚えて、とにかく無事にできました。

ひとことで言えば、歌舞伎の演技は、三味線音楽と日本舞踊の二つが小さいときから体の中に入っていないと、応用がきかないのです。

そういうものが入っていなくても名優になった例はありますが、非常に少ないですね。身についているほうが、いい役者になるものです。三味線の音、鳴物の音が体に入っていないと、踊りもリズムに乗れません。

●芸の伝承

例えば『娘道成寺』[*7]という踊りは、いまは振り付けのお師匠さんがいますが、初代富十郎が一七五〇年代につくって以来、いろいろな方が踊り、今日まで振りが伝えられているんです。ですから最初に踊るときは、その基本をきちんと勉強いたします。

『娘道成寺』は非常にポピュラーな振りばかりでできていて、テクニックの難しい踊りではありません。歌舞伎の世界では、初代富十郎が、だれでも踊れる振り、そしていい振りをつくったから、いまだに流行っているのだと言われています。

これはひねった難しい振りではなくて、四つ五つの子どもでも踊れる振りです。私が最近やっている『二人椀久』みたいな踊りは大人しか踊れませんが、『道成寺』は子どもでも踊れる。しかも、大人が踊ってもそれなりに難しいし、おもしろい。これはなかなか大変なことだと思います。

『道成寺』は、失恋した女性の鐘に対する執念がテーマになっています。自分を捨てた恋人が道成寺の鐘に身を隠したのを、執念で蛇身となった女が鐘ごと焼きつくしたという伝説から出来た踊りです。ですがそればかりを表に出すと道成寺の華やかさがなくなってしまいます。踊るときの心得として、例えば、「恋の手習い」は年ごろの娘の心でとか、最初にあります「言わず語らず」は十二、三の子供みたいに踊れとか。また、「山づくし」で羯鼓《かっこ》という打楽器を、両手のばちで打ちながら踊るところは、大事なのは間《ま》だからテンポ、タイミングで踊れと。後の「ただ頼め」というのはいわゆる手のテクニックで、とにかく体を使って踊れと。踊る場所によってみんな言い伝えがあります。

初代富十郎がやったという言い伝えも残っています。「女子《おなご》には何がなる」というところで、一つ強くグーッと見得をするところがあります。何代目かの團十郎に、女形の踊りの中で見得はできないだろうねと言われて、初代富十郎が、何かできないものかと工夫して、「女子には何がなる」という歌詞にあわせて男みたいにぐっと見得をした。これが大変に好評だったのです。そういう言い伝えがありますから、私も特に強く見得をします。

余談ですが、ふつう「見得を切る」と言いますが、歌舞伎では「見得をする」と申します。

また、私が覚えているのは、名人と言われた六代目菊五郎さんの羯鼓のところです。帯の前のところへ着けた羯鼓を、両手のばちで打つわけですが、必ずテンテンといい音がしました。長唄の三味線がトチチリチリ、それに合わせてテンテンテンテンと。それはもう、そのテンポといい間《ま》合いといい、わくわくいたしました。伺いましたら、今でももちろん歌舞伎役者はみんなやっておりますけれども、あの羯鼓は踊る前に乾燥させるんです、電熱器であぶって。ですから、テンテンといい音が出るようになるんです。でも、踊りながらあれだけ正確にテテンテテンと三味線に合うように打つというのがなかなかできません。私もいつも苦労しますが、六代目さんはすばらしかった。

最後は、もちろん鐘に上がって見得をするんですが、娘の姿で江戸時代の振り袖ですから、般若の面をつけた能のようにガッと強くやると何となく醜い感じになってしまう。もっと女形らしく、やわらかく、それでいて中に芯があるようにと、我々のほうでは言われています。

●勧進帳

『勧進帳』の弁慶は、いわゆる一般に思われているようなヒーロー的な弁慶とは違って、能の弁慶を基本にした非常に知的かつ冷静な人物です。歌舞伎十八番[*8]ですから、見得もするし、六法も踏みますが、根本はやはり能の『安宅』です。『安宅』の精神がなければ弁慶は勤まらないでしょう。

この間亡くなった観世銕之丞さんとは仲がよかったんですが、銕之丞さんの『安宅』の弁慶はすばらしいものでした。

富樫との山伏問答のところは、いろいろな解釈があるようです。たとえば、次から次へと富樫から質問が来るので、弁慶は一つ一つ思い出しながら答えるという解釈もある。でも私はそれよりもリズム感が要だと思います。

ただ、問答の意味をちゃんと知っていないといけません。それは武智先生に随分うるさく言われました。どういう意味で言っているのかということです。

例えば、問答の中で「日月清明《じつげつせいめい》、天下泰平の祈禱《きとう》を修す」というセリフがあります。お天道さまとお月様ですね。これはとても大切なことばです。弁慶は幕外で花道を六法で入る前に、二度お辞儀をします。

歌舞伎の場合は、客席に向かってお客様に皆様ありがとうございます、と御礼を言っているみたいになってしまうのですが、あれは意味が違って、日月清明、つまりお天道様とお月様にありがとうございましたというのが教えなのです。

●『二人椀久』

長唄の名曲『二人椀久』を初めて踊ったのは昭和三十（一九五五）年のパリの劇場でした。そのときは母が主宰していた「アヅマカブキ」の公演で、母と踊ったのです。平成九年の暮に同じくパリで四十三年ぶりで今度は母ではなくて中村雀右衛門にいさんとシャトレ劇場で踊ったときは感慨無量でした。

『二人椀久』は江戸時代の曲ですが、それへ先代の尾上菊之丞さんが新しくアヅマカブキのために振りをつけたのです。さらにそれを練り上げて歌舞伎の本興行の演目になりました。母と菊之丞さんは別として、歌舞伎の舞台では私と雀右衛門にいさんのコンビで四十年あまりその振り付けで踊っているのです。

江戸の曲ですが、戦後に生まれた踊りですから、ある種モダンというか近代の振り付けの精神が入っています。ですから、大古典である『娘道成寺』などと比べると趣が違います。

早めのリズミックに見えるところと、しっとりとしたところと、起伏がうまい具合にできていて、毎日踊っていても新鮮です。ああ、何ていい曲だろう、何ていい振りだろうと思いました。二度目のパリ公演の時はお客様が興奮して、毎日劇場へつめかけてくださり、忘れられない舞台となりました。

話はかわりますが、踊りというものは、いい曲でいい振り付けであれば、標準に踊れば誰もがうまく見えるものです。曲と振り付けが悪かったら、どんな名人が踊ってもだめです、つまらないです。こればかりは鉄則だと思います。

以前、私の知人の方ですが、踊りはあまり得意でない方が踊ったのを見たことがあります。その舞台がすごくうまかった。よく見たら、地方さん（演奏者）がみんなすばらしい人ばかりで弾いていたのです。振り付けもよかった。まさに地方と振り付けの力です。私自身も何回も踊って、地方さんがいいときと悪いときでは同じ曲でもこんなに違うのかと思います。

私は『二人椀久』を三百数十回も踊っています。それでも、また踊るのなら今度はこうやろうと考えます。私も年ですし体も自由に動けないところもありますが、それを補ってあそこはこうやるほうがいいなどと思うのです。

そうした気持ちが自然に湧き上がってくるのも、曲がよくて振りがいいからこそでしょう。何ていい曲だろうと思えるのは幸福なことです。

舞台の芸というものは、これもやはり六代目菊五郎さんのことばで、松緑にいさんを通してお聞きしたのですが、下手でもいいからお行儀よくやりなさいということが大切です。お行儀よくやるのがまず出発点。それからうまくなっていくのです。うまいだけで行儀が悪いようではだめだというのが、私は芸の原点だと思います。

まずスタートから、お辞儀やごあいさつがきちんとできなければだめです。それから踊りもお行儀よく、きちんと基本から始めることです。

役者はお客様に拍手をいただこうと思うあまり、うまくやりたいと考えがちなものです。有名になりたいし、人気も出たい。私も若いときはそう思っていました。でもやはり芸はお行儀がよくなければ好感を持たれません。

若い方の芸を見ていても、お行儀のいい芸は魅力があります。お行儀さえよければそのうち絶対に良くなります。その心を忘れずに、私もさらに舞台に精進したいと思っています。

注

＊1　武智鉄二　一九一二―八八年。演劇評論家、演出家、映画監督。戦争中に断絃会をつくって古典芸能を保護した。戦後は能、歌舞伎、オペラなどで、独自の理論に基づく実験的な演出を多く手がけた。

＊2　真山青果　一八七八―一九四八年。小説家、劇作家。作家として認められたが劇作に転じ、『平将門』『元禄忠臣蔵』など綿密に史実考証されたスケールの大きな悲劇をつくった。西鶴学や言語学にも長じていた。

＊3　岡本綺堂　一八七二―一九三九年。劇作家、小説家。二世市川左団次のために多くの戯曲を書き新歌舞伎をリードした。代表作に『修禅寺物語』『番町皿屋敷』など。『半七捕物帳』は正確で濃やかな江戸の風物描写が特徴の人気シリーズだった。

＊4　河竹默阿弥　一八一六―九三年。江戸末期から明治期に活躍した歌舞伎狂言作者。情緒に富む音楽性と徹底した写実を特徴とし、生世話物の名作が多い。『三人吉三廓初買』『天衣紛上野初花』など今も人気がある。

＊5　勧進帳　七代目市川團十郎が、能の「安宅」を基に創作した無踊劇。一八四〇（天保十一）年初演。兄源頼朝に追われ、都から奥州へ落ちる途中、加賀国（石川県）安宅の関へさしかかる源義経。その忠臣、武蔵坊弁慶そして関守富樫の智と情にあふれるやりとりを描いた、歌舞伎最高の人気演目。歌舞伎十八番の一つ。

＊6　魚屋宗五郎　河竹默阿弥作。明治十六年初演。芝に住む魚屋の宗五郎は磯部家へ奉公に上っていた妹お蔦が理不尽に殿様に手打ちにされたと聞き、禁酒を破り、酒の勢いで磯部邸へ暴れこむ。初演の五世菊五郎以来、酔ってゆく演技に細かい手順がついている。

＊7　娘道成寺　長唄の舞踊、一七五三（宝暦三）年初代富十郎が初演した女形舞踊の最高傑作である。紀州道成寺の鐘にまつわる伝説は能の「道成寺」となり、江戸期に入って歌舞伎舞踊となった。女心を次々に衣裳を変えながら踊りこんでいく。

＊8　歌舞伎十八番　一八三二（天保三）年に七世市川團十郎が制定した十八の演目。『勧進帳』『鳴神』

『暫』『助六』など家の芸の荒事を中心にさまざまな演出が今日に伝わっている。近代になって復活された演目もある。

キャラクター原論

小池一夫

小池一夫（こいけ　かずお）

一九三六（昭和十一）年、東京に生まれる。中央大学法学部卒業。大学卒業後、時代小説家・山手樹一郎氏に師事。七〇年、「子連れ狼」の執筆以来、小説、漫画原作、映画・テレビ・舞台等の脚本、作詞等幅広い創作活動を続ける。七二年、㈱小池書院設立。七七年より約十年にわたり「小池一夫劇画村塾」を開塾、多くの作家を育成している。二〇〇〇年、大阪芸術大学芸術学部映像学科教授に就任。大学での講義を中心として「小池一夫のキャラクター原論」を展開、幅広いメディアの中でのキャラクターの重要性を説き、後進の育成にも力を入れている。

●スーパーキャラクターたち

漫画やゲームの世界のキャラクターといえば、たいていの人はいくつもあげることができるでしょう。若い人はキャラクターに囲まれて育ったとさえいえます。では、まずこのキャラクターとは一体何かということから始めましょう。

人はみなそれぞれがキャラクターです。そこで、両親は別としてその人を知っている人間が周りに何人いるかを考えてみます。俺を知っているのは五十人いるだろうか、百人だろうか。年配の方になれば千人いるかもしれません。名前や職業、性格、特徴、顔、特技などを理解してくれている人間は何人いるでしょうか。

千人いれば大変なことです。そして一万人を越えたらすごいことです。これがキャラクターの特質です。

ではこの世界でNo.1のキャラクターとは何でしょうか。

それはイエス・キリストです。

キリストは全人類の中で最も読まれている書物『新約聖書』が生み出したキャラクターです。

キリストの死後七十年くらい経ってから成立したとされる『新約聖書』はその後、書き直しを繰り返しながらどんどんキリストをキャラクターアップしていきました。

例えば、その誕生は今から約二千年ぐらい前、天使ガブリエルから受胎告知を受けたヨセフの許嫁マリアがベツレヘムの馬小屋で生んだとされ、また十字架に磔になったキリストは三日後に復活し、精霊に見守られながら昇天していったという神秘性をともなっています。

そして、キリストは今日に至るまで、人類に計り知れないほどの影響を及ぼしていきます。

では、このキリストというキャラクターがこの世に誕生していなかったら、どうなっていたでしょうか。ローマ法王庁も教会もない。すると十字軍もないし、宗教戦争も起こらないはずです。おそらく今パレスチナで起こっているイスラエルとパレスチナ難民たちの間の戦争もなかったのではないでしょうか。

このように一つのキャラクターをその時代から消してみると、そのキャラクターがいかに巨大であるかが見えてきます。その後の時代が全部否定されて何もない、真っ黒い穴があいたようになり、歴史の中に空洞ができてしまうのです。

私は昔、勉強が大嫌いな少年でした。歴史上の人物とか、何がどうしたということを覚えるのが苦痛で、嫌で嫌でしょうがない。そこで、覚えようとするキャラクターを自分の頭の中で消してしまうという逆転の発想を持って勉強しました。

例えば織田信長について勉強するときには、信長というキャラクターを消してしまうのです。織田信長がいなかったとすると、桶狭間の合戦で今川義元を打ち破ることができませんから、おそらく今川義元はそのまま京都へ上って、京都を攻め滅ぼしたであろう。また、信長に拾われなかったら豊臣秀吉もいないだろうといったことを考えるわけです。

そうやってその後歴史はどうなっていったか、自分で推理を積み重ねてみます。今川義元が天下を取ったか。明智光秀と信長の関係もないのだから、あれもない、これもないで勝負をつけていく。今川義元は美食家で、毎晩のようにおいしいものを食べていただろうから、剣も握れないほど太っていたであろう。この太った武将が活躍しても、おそらく糖尿病か脳梗塞で大体このあたりで死んだだろうなどと考えます。

今川義元亡き後は武田信玄か。いや、武田信玄も死んでいるのだ。そうすると、いよいよ家康かなどと考えていると、わざわざ暗記しなくても自然に覚えます。これが逆転の勉強法です。このように、キリストもその時代から消すことにより、世界の歴史が見え、世界史を覚えることができました。

私は子供の頃からこのようなことをやってきましたから、スーパーキャラクターという存在がどういうものか、身にしみてわかるのです。そして、それを漫画に活かしてキャラクターをつくればヒットするということを、私は大勢の若者に伝授しました。

その結果、高橋留美子は『うる星やつら』のラムちゃんを、原哲夫は『北斗の拳』で「おまえはもう死んでいる」のセリフとともにケンシロウを、堀井雄二は『ドラゴンクエスト』を世の中に送り出しました。

●漫画のキャラクターのつくり方

シナリオを学ぶ生徒に、漫画の原作と映画やテレビのシナリオとはどう違うのかと質問されたことがあります。漫画の原作にはキャラクターがいないが、映画のシナリオにはキャラクターが大勢いる、というのがその違いです。

例えば浅田次郎の『鉄道員《ぽっぽや》』を映画にしようというときには、高倉健が演じるかもしれないということで、高倉健というキャラクターを頭の中においてシナリオを書いていきます。ですから最初から高倉健らしくなっていくわけです。つまり、テレビや映画のシナリオは、演じる俳優を想像して書くのです。

一方、漫画の原作は事情が違います。高倉健もいなければ、寅さんを演じる渥美清もいません。ストーリーをつくる前にまず、読者に認知してもらうキャラクターをつくらなければいけないのです。こういうキャラクターがこれから楽しんでもらうキャラクターですよ、と読者に向けて発信する必要があるのです。

このキャラクターづくりは難しいものです。読者の前に出てきて、私は何という人間だ、空手ができるぞ、ボクシングもできるぞ、などと訴えかけたところで、誰も注目してくれません。

ですから、キャラクターをつくったらそれを動かさなければいけないのですが、この動かし方が重大な問題なのです。動かし方の一つの例としてこういうことがあります。

私の時計は、映画『エンド・オブ・デイズ』でアーノルド・シュワルツェネッガーが、作品中はめていたものです。彼は一昨年（一九九九年）の末、新宿のホテルで開かれたこの映画のプレミアショーで、壇上に上ると、「これをチャリティーして、赤十字に寄付します。皆様、どうぞオークションしてください」と言ってこの時計を外しました。

私もその席上にいました。最初二十万円ぐらいから始まって、三十万円、四十万円、五十万円……百万円を越えて、二百万円を越えたときに手を挙げたのは私だけでした。シュワルツェネッガーは「ユー」と言って、私のところに来ると私を抱き締めてサインしてくれました。こうして私がこの時計を落札したわけです。

この話を人前でするると、シュワルツェネッガーの時計をはめている小池一夫という人間は一体どういう人間だろうと、初めて私のほうに視線が集まります。

これは世界の大スターであるシュワルツェネッガーの「名前」と「時計」という物を借りて、小池一夫というキャラクターをアピールする、つまりキャラクターを起《た》てる一つのテクニックです。もちろん今の時計の話は「つくり話」ですが……

漫画のキャラクターづくりというのは、こういう具合に物を使って起てたりするわけです。

恋人同士の若い男女が向かい合っているとします。もうこの二人の関係は終わる、冷め切っている、もう別れなきゃいけない。セリフは一言もなしで、この二人を漫画に描いて出して、その状態を瞬間的に表すにはどうしたらいいでしょうか。

これはなかなかうまく書けないでしょう。どうするかというと、枯れた花を一輪、二人の間に置いてやればよいのです。二人の関係がたちどころにわかります。これも、物を使ってキャラクターを起てる手法です。

図１　ランブール兄弟「ベリー公のいとも豪華な時禱書・地獄」
（Musee Conde, Chantilly）

●悪魔

キリストの次に来る№2のスーパーキャラクターは悪魔です。

悪魔は例えば「デビル」、その後「サタン」、「デーモン」という呼び名ができ、解釈もさまざまになっていきました。また、悪魔は初め人間の忠誠心を試すための天使でしたが、その後中世の教会により神に敵対する存在とされたのです。

羽根がはえていたり、角があったりという今の悪魔の原形はこの頃できたものだと言われています。映画の『エンド・オブ・デイズ』でも登場しますが、すごい迫力があります。

悪魔は姿が見えませんから、何か目に見える姿をつくらなければなりません。姿のないキャラクターでありながら、これだけ大勢の心をつかんだのは大変なことでしょう。

●仏像

三番目のスーパーキャラクターは仏像です。ほとけ様ではなくて仏像です。

ほとけ様というキャラクターには姿が全くありませんから、凡人はほとけ様を拝むときに、どうしてもいろいろな雑念が入ってしまいます。そこで、ほとけ様を拝むときに精神集中するための一つの道具として仏像が生まれたのです。

仏像は大乗仏教の人々がつくりました。ガンダーラの仏像が最初だと言われていますが、このモデルはお釈迦様ではなく転輪聖王です。インドの人々が、こういう人が世界を統一するであろう思い描いた、非常に慈悲深いという理想的な伝説の武将です。

仏像にはさまざまな特徴があります。仏像の髪の毛は螺髪《らほつ》といって全部右巻きになっています。これはお釈迦様が涅槃《ねはん》に入るときに、髪の毛を切ったら、残った髪の毛がクルクルと右に回って渦巻きのようになった。その髪の毛がいいだろうというので、髪の毛だけはお釈迦様を真似したのです。

お釈迦様を仏像のモデルにしなかったのは、お釈迦様は涅槃に入って姿が消えた、見えなくなったからです。お釈迦様と転輪聖王はインドの人々には両者並び立つようなあこがれだったのでしょう。

さて、仏像は必ず耳たぶに穴があいています。それはお釈迦様も転輪聖王もイヤリングをしていたからです。そのイヤリングがとれて穴が残ったわけです。

足の裏は土踏まずのところがくぼんでいません。仏様の足形をとったものだとされる足下図《そくげず》というのがいろいろな寺にありますが、それを見ても偏平足です。平らな足の裏で大地をしっかりと踏まえて、身じろぎもしないのです。

手の平には水かきがあります。これは縵網相《まんもうそう》といって、この手で大勢の悩める人たちを一人もこぼさずにすくい上げるのです。

額のホクロみたいなのが白毫《びゃくごう》、目は半眼《はんがん》といいまして、鼻の先を通してその目は下に落ちていますから、大きく広い宇宙を見ているということです。これを三十二相八十種好といいます。

このように見ると、仏像を見る視点が違ってくるでしょう。これは卓越したキャラクターのつくり方です。仏像のこうした魅力に世の人たちは心を奪われてきたのです。

では、この仏像というキャラクターも消してみるとどうでしょう。お寺はどこにもないしお坊さんもいません。宗派もなく、天台宗も真言宗もありません。もし仏像がなければ、仏教が後世にこれだけの影響を与えられたでしょうか。仏教があるために引き起こされた戦争も、さまざまな文化もみんな消えてしまうのです。ここでも歴史にぽっかり穴があいてしまうのです。

●幽霊

四番目のスーパーキャラクターは幽霊です。

私は幽霊のキャラクターが大好きです。

かつて京都の友人の家には円山応挙の幽霊のふすま絵がありました。その絵のことをまだ知らなかったころ、私はその家で一杯いただいて、寝る段になると奥の部屋に案内されました。何やら怖い家だなとは思っていたのですが、「隣の部屋はあけたらいけんで。こっちの側の部屋に寝とき。ふすまを開けてそっちへは行ったらあかんよ」といわれました。

私は「ああ、そう」と言って、少し酔っていましたからそのまま寝てしまいました。南天の床柱の立派な部屋でした。

深夜四時ごろ。のどが渇き、目を覚ましました。トイレにも行きたかったものですから起きて廊下に出ようとしました。ところが私は間違えて開けてはいけないといわれたふすまを開けてしまったのです。真っ暗でほとんど何も見えませんでしたが、床の間があるのがぼんやり見え、何か掛けてあるのがわかりました。そして私は電気をつけたとたんに、怖い醜悪な顔をした幽霊を見てひっくり返ったのです。それが円山応挙の絵だったのです。

普段我々が目にしている幽霊には足がありませんが、初めて幽霊の足を消したのが円山応挙だといわれています。

私が好きなのは、月岡芳年が描いた幽霊の絵です。階段を上っていって振り向いた幽霊ですが、夜中に階段で下におりていくと、呼び止められそうな、そんな感じがします。これもものすごく怖いものです。

葛飾北斎も四谷怪談の「お岩」をはじめとして、いろいろな幽霊を描いています。ろくろ首の幽霊画などはわりと、目にすることが多いと思いますが、これも北斎が描いたものです。このへんになるともう漫画ですね。ですから、この時代にもう幽霊漫画のキャラクターがいたんですね。

●日本の小説は幽霊から生まれた?

幽霊というキャラクターは、日本の文学史上不可欠の存在です。

江戸時代の落語家三代目三遊亭円朝は、幽霊の怪談話で江戸時代の人を震え上がらせました。今でもよく知られている『真景累ヶ淵』や『怪談牡丹灯籠』です。円山応挙は足のない幽霊を描きましたが、円朝は幽霊に下駄を履かせました。カランコロンカランコロン。幽霊がそういう下駄の音をたててやってくる。それが一躍有名になったのです。こうして、円朝が幽霊の話で大人

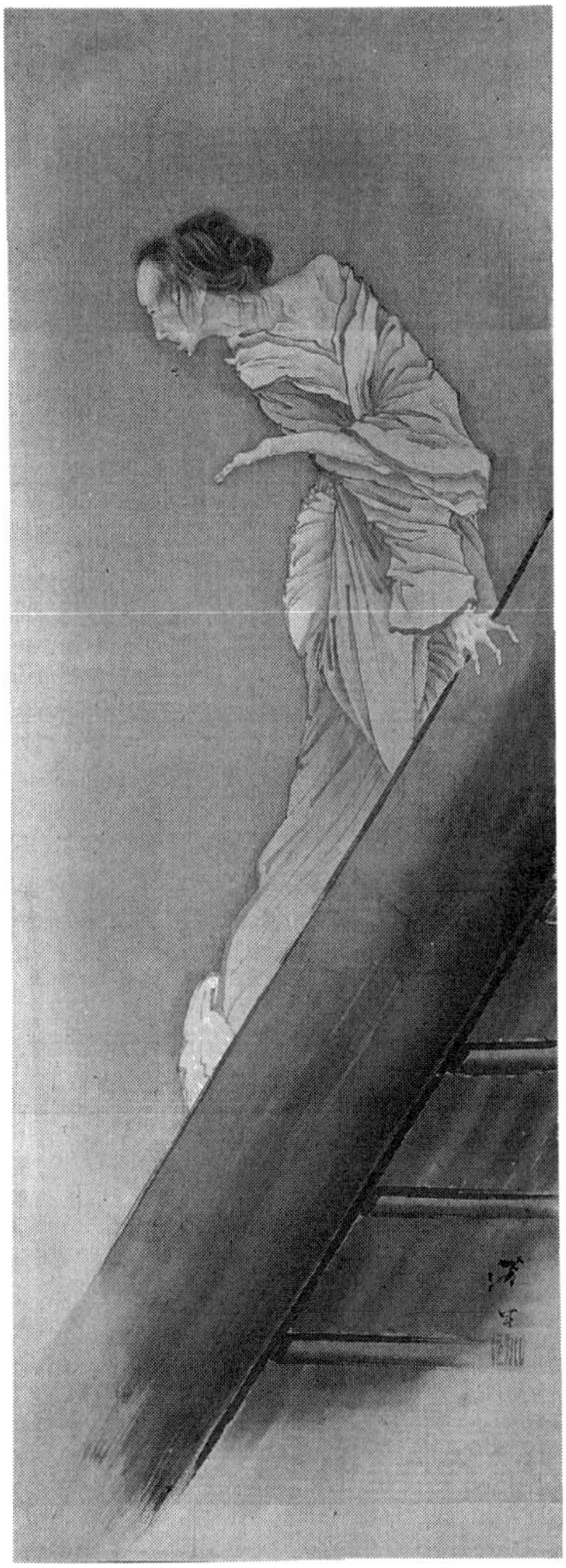

図２　月岡芳年画「宿場女郎図」（全生庵所蔵）

気を取ったので、本にして出版したらもっとおもしろいだろうということになり、明治時代に二人の新聞記者の方がそれを本にしたのです。

その本は円朝の語りを写したので口語体で書かれていました。「草木も眠る丑三つ時、あたりの夜気を陰々と震わして、鐘の音が……。奈落の底に消えていったそのときに、はるか奥座敷のほうにあたってさらさらさらさら……、衣ずれの音が……」こういう調子です。

当時、明治初期の小説は全部文語体で書かれていました。「かようあるべき、何と何はなく……」、枕詞を使った文語体のものばかりだったのです。

坪内逍遙はこの口語体の円朝の本を読んで、これからはこう書くべきだと考えて、言文一致体で書いた『小説神髄』を発表しました。円朝の幽霊噺から「小説」という言葉が誕生したわけです。

余談ですが、我々がつくった劇画という言葉も、十人ぐらいの大阪出身の劇画家が集まって、コマガにしよう、ガゲキにしよう、やれ何にしようと百個くらい意見を出した中で、一人の人間が劇画だといった。それはおもしろいということで劇画に決まったのですから、流行する言葉というのは案外そんなものかもしれません。

ともあれ、幽霊というスーパーキャラクターのすごさは、そんなところからもおわかりいただけるでしょう。

●モンスター

西洋ではモンスターといわれる一連のキャラクターがいます。しばらく前に『透明人間』という映画がありましたが、この透明人間というキャラクターも最高のキャラクターでしょう。これは姿がないから、いろいろなことに変えられるというスーパーキャラクターです。

その他フランケンシュタインや吸血鬼ドラキュラもモンスターにあげられます。

日本では水木しげるの『ゲゲゲの鬼太郎』から始まって、『悪魔くん』など、さまざまなキャラクターが漫画から生まれました。

幽霊もモンスターも、出るぞ、出るぞといいながらなかなか出ません。出たときがおしまいなのです。ああ、こんなものか、ということになってしまいますから。これがこのキャラクターの特徴でしょう。

●ロボットとサイボーグ

五番目のスーパーキャラクターはロボットとサイボーグです。この二つもそれこそ世界中の人々が知っているキャラクターでしょう。

ロボットという言葉が登場したのは一九二〇年ごろです。アメリカで遠隔操縦装置という機械が生まれたのですが、これがロボットと呼ばれたのです。

日本では、一九二八年に昭和天皇の即位を記念して大阪の毎日新聞社が「学天則」というロボットをつくりました。これは目玉が動いたり、手が動いたりする操り人形的なもので、日本のロボットの最初であるといわれています。

一九二八年はロボットを語る上で欠かせない年であり、かの手塚治虫が生まれた年であったというのも因縁めいています。それから三十年近くたって手塚治虫は『鉄腕アトム』を発表しました。これが日本のロボットブームの幕開けです。手塚治虫がいなければ、日本人はロボットにこれだけの親しみを持たなかっただろうといわれています。

『鉄腕アトム』は一九五一年『少年』に最初に連載され、その後大ヒットしました。今の若い人たちは『鉄腕アトム』を知らない人も多いのですが、鉄腕アトムは忘れてはいけないキャラクターでしょう。

『鉄腕アトム』の次にくるのが横山光輝の『鉄人28号』です。『鉄人28号』は最初、三白眼の悪役であまりヒットしませんでした。そこで鉄人は正義の味方に描き直され、日本人を熱狂させる大漫画ロボットキャラクターになりました。

石ノ森章太郎が発表して大ヒットしたのが『サイボーグ００９』です。主人公の島村ジョーをはじめ、九人がサイボーグに変えられます。全員がそれぞれに特別な才能があって、地球を攻めてくる悪いやつらと戦うのです。

アメリカ人はロボットに対して人間が使うもの、人間の召使い、人間の手足となるものという冷たい見方をします。

それに対して日本人は、ロボットは人間の仲間であって、人生を共有してもいいし、よく働いてくれるし、友達にもなれる、といったように温かい感覚を持っています。これは『鉄腕アトム』の影響です。『鉄腕アトム』がテレビや漫画で大ヒットしたために、日本人はロボットに対して遠隔操縦装置というイメージを持たずに、やわらかい優しいイメージを持ったといわれています。

こういうキャラクターを世の中から一つずつ消していったらどうなるでしょうか。キリストもなかった。悪魔もなかった。大乗仏教は仏像をつくらなかったし、転輪聖王もモデルにならなかった。幽霊の話も生まれなかったし、吸血鬼ドラキュラもなかった。鉄腕アトムも鉄人28号もなかった。

巨大キャラクターを全部消していくと、今の世の中はどうなっていたでしょう。ここに私のキャラクター原論の基本があります。

キャラクターというのは、その時代から消してはいけないものです。決して消えることなく大きな影響力を持ち、訴えかけているものがキャラクターです。

ですから、キャラクターを通して世の中を見ると、いろいろなものが見えてきます。一つのキャラクターを選んで消してみれば、その時代がどれだけ真っ暗になるかが想像できるでしょう。それだけキャラクターは大切だということです。

●ゴルフ場の蛇

私のキャラクター原論の一つに、ゴルフ場の蛇の話があります。

私がゴルフ場に行っているときに巨大な蛇が現れました。草むらの中を私のほうに向かってくるんです。ゴルフの取材だったのでカメラマンもいました。私はそのカメラマンに「おい、蛇を撮ってくれ。ゴルフ場の蛇だ。蛇を撮れ。蛇を撮れ!」といったのです。カメラマンは走っていってパチパチと写真を撮りました。でき上がってきた写真は、草むらをはってこちらに向かってくる蛇が見事に写っていました。でも、これはどこにいる蛇なんでしょうか。動物園のそばの草むらにいるのなら、動物園から逃げ出した蛇かもしれません。それではキャラクターになっていないのです。私は「ゴルフ場の蛇」を撮れといったのです。

ではどうすればいいのでしょうか。蛇を画面に入れて、向こうにバンカーがありピンフラッグが立っている。そのような明らかにゴルフ場だとわかる背景を蛇と一緒に撮らなければいけないのです。それで初めて「ゴルフ場の蛇」となるのです。これが「ゴルフ場の蛇」というキャラクターを起てるための背景です。

ですから、何かを書きたい、つくりたいというときは、いろいろな背景や設定をつくって、その中でキャラクターを動かしていくテクニックを身につければどんな困難な仕事でもこなすことができるでしょう。

●小説と漫画

何かをするときにキャラクターから入る、キャラクターを使って何かをするとやりやすいのです。シナリオを書こうとするときに、ドラマを書こうと思ったらつまらない話しかできないでしょう。ドラマから入ってドラマをかける人というのは、小説家といわれる一握りの人たちにすぎません。この人たちはドラマツルギーを持っています。ドラマツルギーの達人たちに対抗するためには、キャラクターづくりの達人として向かわなければなりません。

小説におけるキャラクターというのは、その小説を読み終えるまでの記号です。大ヒットした小松左京氏の『日本沈没』の主人公の名前を覚えていますか。司馬遼太郎氏が直木賞を取った『梟の城』の主人公の名前は？　水上勉の『飢餓海峡』の主人公の名前はどうでしょうか。そういう昔からの有名な小説の主人公の名前を一人でも覚えている人は少ないと思います。ほとんどの人は主人公の名前を忘れています。小説を読んでいるとおもしろいのに、読み終えた瞬間に、名前を忘れてしまうのです。

歴史小説に出てくる実在した登場人物はさすがに忘れません、司馬遼太郎氏の小説は歴史小説が多いですから、主人公の名前は私もはっきり覚えています。

私は司馬遼太郎氏にキャラクターをつくってもらいたかったと思います。林不忘は「丹下左膳」というキャラクターをつくりました。笹沢左保は「木枯らし紋次郎」というキャラクターをつくりました。

中里介山の『大菩薩峠』には「机竜之助」が出てきました。いずれも架空の人物です。架空でも強烈なキャラクターは記憶に残るのです。

反対に漫画の主人公の名前はよく記憶されています。『巨人の星』も『明日のジョー』も主人公の名前はすぐに思い出せます。鉄腕アトムも漫画は知らなくても名前はだれもが知っています。

ところが漫画は、どんなストーリーかと聞かれるとよく思い出せないものです。『子連れ狼』は拝一刀や大五郎の名前は覚えているし、「シトシトピッチャン」の歌も知っている、でもストーリーはというと、柳生一族と何かやったような、乳母車を押して出てきたような、といった具合でよくわからないわけです。

一方水上勉の『飢餓海峡』は、主人公の名前は知らなくても、年老いた刑事が犯人を追いつめていく話だとはっきり思い浮かぶ。『日本沈没』では、主人公が東京駅で水を飲もうとしたら、そこに割れひびが入っていた。そこからドラマは始まったとか、ストーリーはわかる。これが漫画と小説の違いです。

要するにキャラクターの扱い方に違いがあるのです。漫画の場合はまずキャラクターありきです。ストーリーを考えません。キャラクターをつくってから、キャラクターをどう動かしていくかでストーリーが転がっていきます。小説の場合には最初にストーリーがあります。どんでん返しや密室殺人のトリックが最初にあります。まずドラマができ上がっていて、後からそれにキャラクターをはめ込んでいきます。作劇上の扱い方でこういう違いが生まれてくるのです。

●戦争キャラクター

最後に、スーパーキャラクターの六番目として戦争をとりあげましょう。正確にはスーパーキャラクターを生み出す土壌としての戦争です。極限状態の中でキャラクターが動いていきますから、実にすごいキャラクターに生まれ変わっていくわけです。

戦争キャラクターとしてはヒットラーをはじめ過去にいろいろなキャラクターが誕生しました。これがなければ人類は平和だったでしょうが、権力、人間の欲望、かけひき、国と国との対立、宗教上の違い、いろいろなことでキャラクターが争いました。この悲しい戦争のキャラクターだけは歴史上から消してしまいたいものです。よく消す作業をしてみますが、あまりにも生々しくて消せません。

この戦争という極限状態をバックにしてキャラクターをつくっていくとどうなるか。そのすばらしい例がスティーブン・スピルバーグ監督の映画『プライベート・ライアン』でしょう。冒頭の、ノルマンディにこれから上陸するというシーン。船に乗り込んだ多くの兵隊の中でトム・ハンクス演じる中隊長の慄える手がアップになります。そして、水筒のウィスキーを飲んで気持ちを落ち着けようとする描写へと続きます。これで彼は部隊の中隊長でありながら戦争を恐怖しプレッシャーを受けていることがわかり、私達は感情移入してしまうのです。

こういう具合に、すごい極限状態をバックにすると、どんどんキャラクターが起ってきます。でも、戦争をバックにしたキャラクターだけはこれから描かれてほしくないと思います。

以上のように、いろいろな角度からキャラクターを分類整理して、どの時代にはどのキャラクターがいたか、どんな経済効果を起こしたか、人間にどんな夢を与えたか、そういうことを明らかにすることができるでしょう。そしてその時代のキャラクターを消してみると、その時代が逆に見えてきます。いろいろなキャラクターを見据えて、そのキャラクターを通して時代を見ていただきたいと思います。

金融腐敗の構造

佐高　信

佐高信（さたか　まこと）

一九四五（昭和二十）年、山形県に生まれる。慶應義塾大学法学部卒業。郷里で高校教師となるが、再び東京に移り、経済雑誌編集長を経て、八二年に評論家として独立する。『今、この人を見よ！』『〈大人〉の条件』『中坊公平への手紙』など著書多数。

●政府も警察もおかしい

私には大抵、辛口とか激辛といった形容がつくのですが、私と同じように、あるいは私以上に厳しく日本の企業や官僚を批判するニューヨーク市立大学教授の霍見《つるみ》芳浩《よしひろ》さんという方がいます。その霍見さんが、アメリカで講演するときによく使うジョークを紹介してくれました。

タイタニックみたいな豪華客船が闇夜に難破した。船のある一角には救命ボートが一隻しかなくて、女の人と子供を乗せるといっぱいになる。男たちは暗い海に漂って助けを待つということになった。国際化時代を反映してか、その船にはアメリカ人、イギリス人、イタリア人、ドイツ人、そして日本人の男たちが乗っていた。それぞれの国の男たちに、どうやって男だけが海に飛び込むことを納得させるか。イギリス人に対しては、紳士ならみんな海に飛び込むと言えばいい。イタリア人に対しては、飛び込むなというと飛び込む。ドイツ人に対しては、キャプテンの命令だと言え。アメリカ人に対しては、皆さんには保険がかかっていると言えばいい。では、日本人に対しては、何と言うのか。他の皆さんはお揃いで飛び込んでいますと言えば、隣の人を突き飛ばしても飛び込む。まさに日本人のある種の付和雷同性を痛烈に皮肉ったジョークです。

霍見さんは日本に来るとファックスを寄越すのですが、この間のファックスも痛烈でした。小渕恵三で日本の首相は最低かと思ったら、下には下がいた、と（講演当時の首相は森喜朗）。

しかし、霍見さんはアメリカで暮らしているからいいけど、我々はその元で暮らさなければならないのだから、とんでもない話です。小渕総理はたしかにろくでもない政治ばかりやりました。盗聴法がそうでしょう。一九九九年の春から夏にかけて私は、宮崎学や辛淑玉といっしょに盗聴法反対で駆け回って、原稿もなかなか書けないありさまでした。

盗聴法の成立によって、不祥事が絶えない警察に我々を盗聴する権利を与えてしまったのです。神奈川県警をはじめとする不祥事の発覚がせめて二週間早かったら、あの法案はつぶれたでしょう。あれを通したのが小渕です。小渕が人がいい、よかったと思っている人はそれこそよっぽど人がいい。おめでたいといいたいくらいです。首相を評価する判断基準が人がいいというのはとんでもないことです。人がいい人物が首相になるのがいいのなら、隣のおじさんを首相にすればすむのですから。

日の丸、君が代の問題でも、ろくでもないことばかりやっています。愛国心は押しつけられて生まれるものではありません。また、小渕と堺屋太一のでたらめコンビがやったのが二千円札の発行です。二千円札の発行にどんな意味があったでしょうか。費用がかかっただけで何の意味もないではありませんか。二千円札の発行に、皆さんはどうして怒らないのかという感じがします。

こうしたもろもろのことに対して抗議の声が上がってこないのです。

私などが抗議の声を上げると、いろいろあります。この間も、国会議事堂前で地下鉄を降りようとしたら、目つきの悪い男が「国賊野郎」と私に言いました。二千円札の発行で税金を無駄遣いした総理のほうがよっぽど国賊じゃないかと私は思いますが、手紙の中にカッターナイフが入っていることもありますから、身の危険は感じます。

●想像力の貧困

こうした状況、例えば愛国心教育などが持ち出されるときは、必ず言論が封殺されるときです。盗聴法のときに、自分は悪いことをしていないから盗聴をされても平気だという若い人がいて、私は愕然としました。こんなことを言うようでは何もわかっていない。悪いことをしてないから平気というけれど、松本サリン事件の河野義行さんはどうでしたか。あの事件は、何もしてない人を警察が勝手に犯人と決めつけて、その警察にマスコミが乗っかって、河野さんを追いつめていったのです。

盗聴法は成立しました。改めて廃止せよという運動を今、私たちは展開していますが、ようするに、全国民が河野さんになる危険性があるということです。そういうことを、若い人たちが想像できないんです。若い人たちだけではありませんが、河野義行さんの事件を全くの他人事として考えているわけですね。これは恐るべき想像力の貧困です。

繰り返しますが、河野義行さんは、何にも悪いことをやっていなかった。あれが河野さんでなければもう犯人にされているでしょう。私は雑誌の対談で河野さんと会ったことがあります。彼は私より少し年下ですけど、極めて冷静な人です。私でさえ、事件の渦中には、河野さんは落ち着きすぎているところが怪しいと思ってしまったぐらいです。警察と全マスコミが完全に犯人扱いをした。それをくぐり抜けるというのは、よほどのことです。

今、警察は変なことになっていますが、その警察が盗聴するわけです。盗聴法では警察の盗聴をチェックできません。完全に盗聴社会になります。こんな法案を通したのは自民党、公明党、保守党です。公明党は最初反対だったのに裏切って、その結果盗聴法というとんでもないものが通ってしまったわけです。

森喜朗総理が学生時代に買春をしていたのではないかという話があります。森喜朗は記事を書いた「噂の真相」を訴えました。裁判所は、当時の記録があるかどうかを警察に問い合わせました。潔白なら記録はありませんから、確認すればすぐに潔白が証明されます。ところが警察は出すのを断りました。それは記録があるということです。そういう人をあえて首相にしなければならないのも、自公保という枠組みで政治をやるからです。

それをおかしいと感じ、うんざりしている人々がいるということが、田中康夫が長野県知事選挙で当選する背景でもあるのです。だから、長野だけではなく、さまざまなところでそういう動きを広げなければならないと思います。

●銀行のヤクザ化とバブル

ここで金融の問題をお話ししたいと思います。なぜ金融の問題かというと、金融は経済の血液なのです。残念ながら、今、日本の血液は黒い血になっています。その黒い血をきれいな血に浄化しなければ、経済はけっして立ち直りません。ところが政府が言っているのは、黒い血をそのままにして、公共事業という泥水を上から流すという話です。これでは何にもならない。黒い血をきれいな血にしなければ、経済そのものが立ち直らないのです。

一九九一年に、私は企業のヤクザ化とヤクザの企業化がすさまじい勢いで同時進行しているという文章を書きました。暴力団の稲川会の前会長の石井進に、野村証券が特別の便宜を図っていたことが発覚したときです。

なかでも、銀行のヤクザ化とヤクザの銀行化がすさまじい勢いで進行しました。そのきっかけとなったのが、住友銀行による平和相互銀行の吸収合併事件です。

平和相互銀行はなくなってだいぶ経ちますが、首都圏に多くの支店を持つ相互銀行でした。夜七時まで営業していたのでホステスさんがよく利用し、ホステス相互などと言われてもいました。ただ、この銀行は別名、闇の世界の貯金箱と言われるほど闇の世界との癒着がひどかったのです。融資も全くでたらめで、そのでたらめな融資が発覚したときの用心に岸信介、福田赳夫、田中角栄、中曽根康弘、そして竹下登に至るまで、歴代のいわゆる有力政治家に多額の政治献金をしていました。

その平和相互銀行に、関西金融界の雄である住友銀行が目をつけました。当時の住友銀行を率いていたのが会長だった磯田一郎です。この人は竹下登の後援会の有力メンバーでした。当時竹下登は大蔵大臣で、竹下が住友銀行に非常に有利な条件で平和相互銀行を吸収合併させた。その過程でささやかれたのが金屏風疑惑でした。つまり竹下のところにお金が流れたということです。

この竹下登という人の存在によって、日本がどれだけ悪くなったかわかりません。どういうことかというと、日本の金融を改革するためにはまず大蔵省を改革する必要があります。そんな大蔵省がだれよりも頼りにしている政治家が竹下登だったのです。言い換えると、金融業界や大蔵省の改革に待ったをかける大きな障壁として竹下登がいたわけです。その竹下の言いなりだったのが小渕恵三です。そういう構図になるのです。

それで、住友銀行は非常に有利な形で平和相互銀行を吸収合併しました。でも普通、まともな銀行家なら、闇の世界の貯金箱と呼ばれるほど闇の世界が深く入り込んでいる銀行を合併しようとは思わないものです。ところが、磯田という人は合併に走った。

当時はまだ住友銀行に少しはまともな人がいて、それを代表する形で、当時の頭取の小松康という人が合併に反対しました。

すると磯田は小松頭取に対して、お前を頭取にしたのはおれだろうと言った。そう言われては反対はできません。小松は合併反対はあきらめて、せめて少しは闇の世界との関係を整理しようと考えた。整理しかかったときに起きたのが、住友銀行東京本店糞尿事件です。住友銀行の東京本店のロビーに糞尿がばらまかれたのです。

これは、闇の世界との関係を切るつもりかという、脅しの合図です。慌てた磯田は闇の世界との関係を切らずに、頭取の小松康の首を切ったのです。任期満了前に頭取の首が切られるなど前代未聞のことです。もちろん表向きには、急に小松の体調が悪くなったなどと理由はつけましたが。

小松の首を切ったということは、磯田が闇の世界に対して、あなた方との関係はこれからも続けますと約束したことにほかなりません。だから、糞尿は二度とまかれなかったのです。

●イトマン事件とバブル

以来住友銀行は、完全に闇の世界と二人三脚ですさまじい地上げの道を突っ走って行きます。関西の名門商社イトマンを住友銀行不動産部、いわば住銀不動産にして、そこの常務に闇の世界の人間を据えました。これが後に発覚するイトマン事件です。

そこで住友銀行は完全にヤクザ銀行になったのです。その住友銀行のやり方が儲かるのを見て、すぐその後を富士銀行が追いかけ、三和銀行が追いかけ、他の銀行がたくさん追いかけ、さらには日本興業銀行も日本長期信用銀行も日本債券信用銀行も、ほとんどの銀行がヤクザ銀行になっていきました。これがバブルです。

バブルというのは、単に泡がぶくぶくと膨張して、それが静まれば元に戻るというのではありません。バブルというのは必然的にダーティ・バブルとなるのです。表の経済の世界に必然的に闇の世界が入ってくるのですから。だから黒い血になったわけです。

そして今の政府は、その黒い血から政治献金をいまだにもらっているのです。政治献金をもらっていて、銀行の改革案をつくれるはずはありません。

私は、少なくとも金融改革法案を審議する間だけでも銀行からの献金をやめられないのかと書きましたが、やめられないという返事でした。結局のところ、政府は銀行寄りの政策ばかりやっています。銀行には公的資金が次々と投入されていますから、税金が献金に化けているようなものです。

●日本の社長のレベル

日本の会社は、社長が後継の社長を選ぶとき、自分の影響力を残すために部下を選ぶ場合がほとんどです。だから日本の会社はでたらめになるのです。

雪印乳業の石川哲郎社長の言動に驚いた人はたくさんいたと思います。「おれは寝てないんだ」という台詞も、本人は真面目に言ったのです。私は石川社長に会ったことがありますが、特別に悪い人ではありません。日本の会社の社長としてはごく普通の人です。彼は内部の出世競争だけで生きてきているから、外のことが全くわかっていないのです。ですからあの問題が起こったときに、現場の工場に行きもしないという信じられない行動をやるのです。

そごうの水島廣雄もけっして例外ではありません。普通の、日本の会社の社長です。

もちろんまともな社長もいますが、それは例外中の例外です。ある重役が言っていましたが、部長くらいまでになったらもう実力に差はない、そこから上がるかどうかはゴマすり次第なのだそうです。そのゴマすりというのはそんなに簡単ではありません。

例えば、私もそうですが、たいていの男性はプロ野球が好きです。それで上司が巨人ファンの場合、自分も巨人ファンになってゴマをするのは低級なレベルです。自分は阪神ファンとなってゴマをするというのは難度が一段階上がる。どういうことかというと、その上司は巨人が勝ったという喜びと同時に、阪神ファンである部下をいびるという二重の喜びが得られるわけです。

また自分の仲人はもちろん上司に頼みます。息子の仲人も頼むし、孫の仲人も頼むつもりだと公言する人がいるのです。上司にとってはこういう部下が「愛《う》いやつ」になるのです。むしろ出世した人というのは、たいていの場合どこかで節を曲げているのです。

私は社長選挙制にすればいいと思います。でもそう言うと、みんな、それでは人気投票になってしまうと言って反対します。選挙だと自分が選ばれないから反対するのでしょう。選挙だと田中康夫が選ばれる可能性がありますが、今の日本の会社は、いわば田中康夫に負けた陣営のほうですから。

●判断力を身につける

先ほどバブルの話をしましたが、バブルをあおったのが長谷川慶太郎や海江田万里であり、反対しなかったのが堺屋太一です。

内橋克人とか城山三郎とか私などが必死にバブル批判をしていたころ、彼らは、内橋や佐高は経済を知らない、経済にバブルはつきものだと言い放ちました。

私は経営者の集まりに呼ばれるとまず、長谷川慶太郎のでたらめを見抜けないようでは経営者をやめなさいと言います。彼は当時株価はまもなく五万円になると言ったのです。今は一万六千円を割りました（講演当時）。彼はまた、まもなく金本位制になるとも言ったのです。そんなでたらめを言った人の本がまだ売れるのですから、読者にも問題はあります。

私に「長谷川さんと佐高さんの本を読んで経済を勉強させてもらっています」と言う人もいます。真面目な人なのでしょうが、私はびっくりして、長谷川慶太郎と私の違いがわからないというのは、クソとミソの違いがわからないということだと答えてしまいました。

勉強というのは言うまでもなく、知識を積み上げることではありません。クソとミソの区別をつけること、判断力を身につけることが勉強です。隣の人が飛び込んでも、自分が飛び込んでいいのかどうかという判断ができるということです。

二、三年前、私が札幌に講演に行ったときのことです。今は北海道の北洋銀行の会長で、当時はまだ頭取だった武井正直さんが、ある人を介して、私に会いたいと言ってきました。日本の銀行の頭取で私に会いたいと言う人はまずいません。私は変わった人だなあと思いながら出かけて行きました。

そのときは知らなかったのですが、武井さんはバブル真っ盛りのときにバブルに乗った融資をやらなかった、めずらしい頭取です。バブルのころには、財テクをやらない経営者は化石人間だと言った経済評論家さえいます。でも武井さんはそんな評論家は相手にしていませんでした。内橋さんとか私のような、バブル批判をする人に親近感を持っていたのでしょう。こんなばかな時代が続くはずがないと、武井さんは言いました。

当時、銀行の頭取としてバブルに乗った融資をやらないというのは想像を超えた勇気がいりました。いくらでも儲かるときに、その儲かることをあえてやらないわけでしょう。でもだからこそ、北海道でいちばん大きい北海道拓殖銀行がつぶれたときに、三番目の北洋銀行が引き受けられたのです。バブルに乗った融資をやろうとしない武井さんに対して、大蔵省の官僚たちは、もっと融資を増やせと繰り返し言ったそうです。これは官僚たちが、知識は多いかもしれませんが判断力はないということでしょう。

北海道には美容院から出発したテルメグループというのがありました。北洋銀行が育ててきた企業グループです。バブルのときに急速に拡大しようとするテルメに、武井さんは待ったをかけました。するとテルメグループの中村という人は北海道拓殖銀行に駆け込み、北拓の経営哲学のない頭取たちは湯水のごとく金を貸したのです。そしてパンクした挙げ句に、頭取二人とテルメの中村が捕まるという事件が起こりました。捕まるようなことは他の銀行の頭取もやっていますが、破綻しないから捕まらないだけの話です。

あの時代に武井さんのような哲学をもって貫くことがいかに難しかったか。しかし、そういう人がいる。日本に人がいないわけではないのです。しかし、そういう人にはなかなか光が当たりません。必要なのはそれを見分ける目を持つことです。経済の本でもなんでも、売れているから読んでみようというのは判断ではありません。何が勇気ある本当の判断なのかということを見分ける目が大切です。

●不良債権の正体

バブルが崩壊したとき、銀行は闇の世界から少しはお金を取り立てなければならなくなりました。そのときに起こったのが住友銀行名古屋支店長射殺事件です。その前に和歌山の阪和銀行の副頭取が殺されるという事件があった。二つの事件の後、銀行の経営者たちは自分たちの命が惜しいですから、一斉に取り立てをやめました。それで不良債権を処理するために、日ごろ政治献金をしている政治家を動かして税金から出させようというのが、住専問題に始まる公的資金の投入です。

頭取たちがでたらめな、隣の人が飛び込むから自分も飛び込むという経営をやってきた不始末を国民に負わせようとして、不良債権というものが登場するのです。官僚はこういう言葉を発明するのは得意です。

不良債権というと、雨が降ってその辺にできた水溜まりみたいな言葉に聞こえるでしょう。けれども不良債権は、英語で言えば「バッド・ローン」、悪い貸し出しです。つまり不良銀行の不良頭取が不良大蔵省と不良自民党をバックにつくったのが不良債権なのです。水溜まりみたいに自然にできたものではありません。現に北洋銀行の武井さんのところには、不良債権などほとんどないのです。

マスコミもいい加減ですから、日本経済新聞は一時住友銀行の磯田をもてはやして、磯田を「バンカー・オブ・ザ・イヤー」に選出しました。新聞を鵜呑みにするのではなく、自分で判断しなくてはならないというのは、こんなことからも言えるのです。

数年前に、シティバンクというアメリカの銀行の日本支社が私に電話をしてきて、川柳を募集するので審査員になってくれと言ったことがあります。日本の銀行が私に審査員を依頼することは金輪際あり得ません。北洋銀行は別かもしれませんが。それはともかく、「アメリカの銀行でも私を審査員にするとと大蔵省ににらまれますよ」と言ったら、にらまれるほど保護されていないと言うのです。外国の銀行は簡単には天下れませんから、保護もないのです。そんなことで、山藤章二さんと木元教子さんと三人で、金融御意見川柳の審査員になりました。

私たちが一致して第一席に推した川柳が「国民を無理やり連帯保証人」。我々はハンコを押した覚えがない。公的資金の導入の理不尽さが一目でわかります。

優秀作の「このごろは頭も金利もアメリカン」「金融界あなたの常識非常識」というのは、もうほとんど常識と化しました。いまだに銀行は固い職場だと思っている人はいないでしょう。「虎の子の亡命先を考える」。これはシティバンクが喜んで、シティバンク賞を取りました。今思うといちばん鋭いのは、「通帳のしみかと見れば金利なり」。そうまでして政府は銀行を保護してきたわけです。

「あの銀行むかしの名前は何だっけ」というのもありました。

●自覚のない頭取たち

私に言わせれば、日本の大手銀行の頭取のほとんどは判断能力を持っていないし、持っていないという自覚もありません。

大和銀行ニューヨーク支店の事件のとき、私のところにも外国のメディアから取材が来ました。大和銀行頭取の海保孝は「うちは被害者だ」と公言したのです。社員が違法行為をやったときに、社長がうちは被害者だと言うというのは、自分は社長として失格ですということを堂々と公言するということでしょう。その神経が外国のメディアにはわからないから、私に理由を聞きに来たのです。なぜそういうことを言うのか、残念ながら答えは一つしかありません。英語で言えば「フーリッシュ・アンド・ステュピッド」です。そんなふうに私は言いたいわけではないし、恥ずかしいとも思いますが、言わざるを得ないのです。

まさに判断力がない、そしてその自覚もないという例でしょう。

日本興業銀行もそうです。日銀とは別の意味で銀行の中の銀行だとも、大蔵省を動かしているのは興銀だとも言われる銀行です。その頭取、会長をやった黒沢洋は二〇〇〇年の初めに亡くなりましたが、この人は、英語、ドイツ語、フランス語に堪能な国際派バンカーと言われていました。

でも黒沢氏は、大阪の料亭の尾上縫のところに夫婦連れで行って騙されて帰ってきた。それで国会に呼ばれて、自分は人を見る目に自信がない、女の目ならわかるかと思って奥さんを連れて行ったと答えました。興銀の行員は恥ずかしかったといいます。

頭取が人を見る目に自信がなくてどうするんですか。それが仕事でしょう。三カ国語をしゃべることが頭取の条件ではありません。人を見る、時代を見る、武井正直みたいな哲学を、時流に逆らっても持つということこそが条件なのです。

自覚のない人が頭取になって、銀行全体がおかしくなっていくのです。

●銀行と政治家の癒着

銀行をつぶすと大変だ、銀行はつぶさないと、当時の大蔵大臣、三塚博が一生懸命言っていましたが、銀行はどんどんつぶれていきました。

改めて思い出していただきたいのですが、政府は北海道拓殖銀行をつぶしました。もちろん北拓はバブルに乗って、つぶれても仕方がないような変な経営をやっていたのです。しかし、同じようにでたらめな経営をやりながら、日本長期信用銀行は、今は新生銀行になっています。これはつぶさないで一時国有化したのです。なぜでしょうか。

どちらか言えば北海道拓殖銀行のほうが一般の人に近い銀行です。長銀は割引債を発行して、金を集めて企業に貸す。一般の人には関係ありません。同じようにでたらめな経営をやっていたのに、なぜ拓銀はつぶしておいて、長銀は一時国有化したのか。そういうふうに問いつめられた当局は、長銀はつぶした場合の国際的な影響力が大きいと答えたのです。ならば、業種は違いますが、なぜ山一証券をつぶしたのか。山一証券と長銀を比べたら、国際的影響力という意味では山一のほうが上、少なく見積もっても同等です。

論理がでたらめなのです。話の辻褄が合ってない。ということは、長銀にはつぶせないわけが何かあったということになります。

ここで説明をしておくと、日本興業銀行、日本長期信用銀行、日本債券信用銀行の三つは同じ種類の銀行です。

話がさかのぼりますが、一九九三年に金丸信が脱税容疑で逮捕される事件がありました。金丸信は日債銀の発行するワリシンを無記名で買ってカネを隠していたのです。日債銀は別名竹下銀行と言われたところです。日債銀でできることは長銀でも興銀でもできます。つまり、もし長銀をつぶせば、政治家がカネを隠していることが発覚します。だからつぶさないで国有化したのです。後に日債銀も同じように国有化してから売却しました。ちなみに長銀は外資に売却しました。

自民党は、私が書いたことが気にさわると、些細なことで内容証明郵便を突きつけてきます。でも、政治家がカネ隠しに使っているから長銀はつぶせないのだろうと書いても、抗議は来ませんでした。これは当たっているということでしょう。

だから、同じようにでたらめな経営をやっていても銀行はつぶせないし、拓銀や山一証券はつぶせる。そういうふうに、区別して考える必要があるのです。

●悪い者は徹底して悪い

銀行協会会長と暴力団の組長を比べて、どちらが悪者でしょうか。私は迷うことなく銀行協会会長のほうが悪いと言います。これがわからなければ、住専問題はわからない。今の日本の大きな問題は、見えにくい悪が見えやすい悪を利用して、もっとひどいことをやっているということです。見えやすい悪だけを叩いていては物事は見えません。

総会屋もそうです。もちろん総会屋は悪です。でも総会屋を飼ってきたのは経営者です。

一九七六年にロッキード事件が起きました。当時全日空の社長だった若狭得治が捕まり、田中角栄も捕まりました。若狭が捕まる直前の全日空の株主総会で、過ちは最後まで追及してはいけないという若狭擁護の演説をやったのが、第一勧銀総会屋事件で有名になった小池隆一だったのです。若き日の小池隆一が若狭擁護の演説をやって、若狭は助かり、その後も勢力を維持しました。若狭が小池を飼ってきたのです。そういう構図をきちんと見る必要があります。

亡くなった叔母が、山形の言葉で「ほげだけ悪い人はいねえもんだ」、そんなに悪い人はいない、とよく言っていました。でもそれは違います。悪い人間は徹底して悪い。ところが、善男善女は——自分が善男善女であると思っている人々は、まさにそのために悪を想像できないのです。私、いい人なの、だから悪いことなんか想像できないわ、といった具合に、自分と等身大の悪しか想像できない。自分ができないことは他の人もしないだろう、というのは思い込みにすぎません。これもまた想像力の貧困ではないでしょうか。自分が想像できないことで、自分がいい人であるかのような自己満足に安住してしまうのです。

デタラメな融資をして日本長期信用銀行がつぶれる原因をつくったのは元会長、頭取の杉浦敏介です。それなのに張本人たる彼は退職金を九億円取って、抗議されてようやく二億円は返しましたが、結局七億円分を取ったままいまだに返していません。一説には二十五億円という話もあります。当然全額返させるべきだし、そういう人からまず金をきちんと取り上げてから、税金の投入をするのが筋でしょう。

そういう人間が大手銀行の会長とか頭取なのです。しかもけっして例外的な存在ではない。世の中にはすさまじい悪がありますから、悪は悪として徹底して追及しないかぎり世の中はよくなりません。自分がいい人であることで悪を想像できない、そして想像できないことによって自分がいい人であることに浸るというナルシシズムが、日本の改革を妨げています。

小渕は徹底して悪いことをやって死んだ。ところがその直後の参院議員選挙で小渕の娘が当選しました。政治家でありながら、新聞記者の質問を受けつけないような人間が当選してしまったのです。かわいそうだという同情で投票するあたりは、ものすごく甘いとしか言いようがありません。

ある意味で、真理は少数派にありということが言えます。だいたい、もてはやされている人間というのはにせ者でしょう。

●日本の会社というところ

世間では一流と目されている大企業で、毎朝朝礼をやるところがあります。例えば最初に当番が巻物を持って来て、「一つ、公明正大の精神」と言うと、みんなで「一つ、公明正大の精神」と声を合わせてやるのです。その後の所感発表です。三分間スピーチみたいなもので、好きなことをしゃべる。それがすむと、社歌斉唱で歌をうたうわけです。夕方には別の歌をうたうのです。初めはだれでもおかしいと思うのですが、一週間も経つと思わなくなります。慣れてしまう。これは一種のマインドコントロールでしょう。

また、社宅というのは社員を社畜にする社畜小屋です。就職のときに社畜小屋が立派な会社を選んで入るのはばかばかしいことです。厚生施設が立派だなんて、そんなところしか見られないのかという感じが私はします。

「社宅では犬も肩書はずせない」「尻尾振るポチに自分の姿見る」という川柳があります。極めつけが「運動会抜くなその子は課長の子」。これが日本の会社です。日本の会社に憲法はありません。残念ながら、日本の会社でゼロ以上の会社はないのです。

日経ビジネスという出版社が『良い会社』という本を出しています。その本に良い会社度を測る十項目というのがあって、その第一番目は「時間外労働には対価が支払われる」という項目です。日本では、残業代を出す会社はまともな会社ではなくて、「良い会社」になるのです。もう一つ、「休日、大切な休みを社用でつぶさない」という項目もあります。日本の会社は休めない。休日に休める会社は普通の会社ではなくて、特筆されるような「良い会社」なのです。その十項目の中で語るに落ちたのが、「社員を人間として尊重する」という項目です。尊重していない会社がほとんどだということです。

コスモロジーの反映としての音楽

湯浅譲二

湯浅譲二（ゆあさ　じょうじ）

一九二九（昭和四）年、福島県に生まれる。高校時代から独学で作曲を始め、慶應義塾大学医学部進学コースを中退、「実験工房」に参加して作曲家として歩み始める。以来、オーケストラ、室内楽、電子音楽、コンピューター音楽をはじめラジオ、テレビ、映画、舞台など作曲活動は広範囲におよび、国内外の数々の賞を受賞している。

●コスモロジーとは何か

タイトルの「コスモロジーの反映としての音楽」ですが、まずこのコスモロジーという言葉を説明しましょう。

例えば「ガリレオ・ガリレイのコスモロジー」といえば宇宙観のことですが、私は、そういう科学的な宇宙観よりもう少し広い意味を考えています。平たく言えば、その人が持っている世界のすべてということです。それは、肉体的に、目が届く限りの世界とか、手が触れられる、耳で聞き取れる世界もありますが、それだけではありません。

人間は言語を獲得しましたから、言語によって記憶したり思考したりできます。『アフリカ紀行』を読めば、アフリカに行ったことがない人でも疑似体験ができて、その本を読んだことがない人よりもアフリカについて知ることができます。言い換えれば世界が広がっているのです。「その人の持っているすべての世界」には、知的な活動や、脳に蓄積された知識、経験というようなものが含まれています。

そのコスモロジーを形成するものは、生い立ち、経験、学習と、生の方向性です。

生い立ち、つまり生まれ育った場所は、自分では選べません。ドイツに生まれたか日本に生まれたかでは本質的に違いますが、決定的な違いは言葉の違いでしょう。日本に生まれたということは、日本語を母語《ぼご》として習得して、日本語で論理を組み立てたり考えたりするということです。もっと言えば、感ずることさえも言語によって規定される部分があります。日本語を話すということがまずその人の生い立ちを決定づけるのです。

それから、どんな所に生まれたかということがあります。海辺か、平野のまっただ中か、あるいは、都会の中か。地理的、風土的な環境です。同じ日本でも、九州に生まれた人と北海道に生まれた人では、相当違うインプットを、生い立ちの中でされるのです。

こうしたことは自分では選べないことです。また、一人っ子なのか、あるいは兄弟が何人もいるのか、それは男か女かという家族構成もそうです。

先ほど日本語云々と申し上げました。言語が文化を形成するといいますが、日本語の文化圏には伝統的・日本的な文化の背景がありますから、意識するとせざるとにかかわらず、日本人はそういう伝統などに規定されます。

若い人たちは、自分はコスモポリタンで、畳の部屋ではなく洋間に寝起きをして文明の利器に囲まれ、西洋人と変わるところはないと思っている人も少なくないでしょうが、外国で十年も暮らしてみると、実は日本人独特の仕草などがあること、それは日本の伝統に深く根差している身体的な動きであり考え方であることがわかってきます。意識しなくても制約されているのです。

次に、コスモロジーをかたちづくるのは経験です。人生の上ではいろいろな経験をします。両親が健在の人と、どちらかを、あるいは両方を亡くした人とでは、人生経験が違うでしょう。恋愛がうまくいったか失恋したかでも違います。

三つ目が学習です。何を学習してきたか。そこにはもう個人の意志が働いています。私は音楽大学の講義でこう話します。音楽大学を選んで入ってきたことが、音楽大学ではないところを選んで行く人ともうすでに違う、自分の意志であるものを選び取ったこと自体が、すでにその人独自の学習経験になっているのだ、と。

もちろん学習は学校の勉強だけではありません。本を読むこともまた学習で、世界を広げることができます。

作曲家や演奏家を目指す人が音楽を学習するのは当然で、作曲科の学生に対してあらためて注意しませんが、同時に音楽以外のことを一生懸命に勉強するようにとは言います。自分の世界が豊穣であればあるほど、それが反映して、演奏の解釈や作曲のイメージに深いものが生まれるからです。

ただ、あれもこれも勉強するのは無理な話ですから、自分が好きなことをやれと。詩でも絵画でも映画でもいいし、数学や生物学でもいい、とにかく興味のあることをどんどん深く勉強しなさいと言っています。

これには理由があります。今までの日本の音楽教育は、西洋文明を受け入れて西洋音楽を早く消化するために苦肉の策をやっていました。例えば明治、大正の時代には、長調のドレミファソラシドを身につけるために、一生懸命に即席の教育をしたのです。それはある意味では有効でしたが、反面、そのために失ったものも少なくありません。

そういう教育は、どうしても画一的なものになってしまいます。かつての芸大では、例えばラヴェルの語法を完全にマスターするまではほかのことを考えるなと言ってとにかくラヴェルをやらせ、ラヴェルのような曲を書く学生を評価しました。

私は内外の作曲賞の審査員をずいぶんやっていますが、日本の場合はそれらしくうまく書いてあって何となくどこかで聞いたことのあるような作品が高く評価されるのです。技術的には、今の日本の若い人はレベルが非常に高いのですが。

演奏にも同じことが言えます。私はピアニストの園田高弘*1さんとは長いつき合いなのですが、園田さんがショパンコンクールなどの国際的なコンクールの審査員をしたときの話を聞いています。日本人は技術はものすごくうまい。でも、他国の審査員たちは、この人は指はまわるけれど、何を表現しようとしているのかよくわからないと口をそろえて言うそうです。

つまり、同じショパンを弾くにも、弾く人の解釈、つまりオリジナリティがいちばん大切なのです。まして作曲の場合は、だれのような曲でもない、新しいものをつくらなければなりません。世界的な評価の基準になるのはオリジナリティです。

そのオリジナリティは、その人のコスモロジーが豊かであればあるほど、そこから自然に出てくるものでしょう。

●医学部から音楽へ

私自身のコスモロジーについて少しお話ししましょう。

私の父は六代目の医者でした。代々医者の家でしたから、私も何となく医者になるのだと考えていました。

父は大正の末期から昭和にかけて、四年間ほどドイツのフライブルクの大学に勉強に行きました。父は大変に芸術が好きで、古今東西の文学を愛読し、自分でも少し音楽をやり、本格的な油絵や日本画も描くなど、私の何倍もコスモロジーの広い人でした。

ドイツにいる間、研究の合間を縫ってオペラを見ては、下宿に帰ってから得意の絵筆をとって、記憶をたどって舞台装置や衣装を描いた。それこそ「リゴレット」とか「ファウスト」とか、ワグナーの三部作、「カルメン」などの画帳が何冊もありました。そして帰国するときにはSPのレコードをいっぱい持って帰ってきました。

その翌年に私が生まれたのです。ですから、私はまだ物心がつかないころからしょっちゅうレコードを聞き、幼稚園のころは早くも自分の好みができて、好きな曲は飽きるほど何度もレコードを聞いて育ちました。

私は、当初は医者を目指しましたから、生れ育った郡山から東京に来て慶應義塾大学に入学しました。そして、当時の日本の作曲家たちの発表会などに盛んに行くようになりました。『ゴジラ』の伊福部昭[*2]さんや、『羅生門』など黒澤明の映画の音楽をたくさんつくった早坂文雄[*3]さんたちが発表していた新作曲派協会[*4]の発表会をよく聞きに行ったりしたのです。

私は高校のころから自己流に作曲をやっていたし、大学の教養課程（医学部進学コース）にいるときも、将来医学部に行っても趣味として作曲をやろうと思っていましたが、日本の作曲家の曲を聞いているうちに、これぐらいなら僕でもできるんじゃないかと思ったのです。

そこでおそるおそる父に、作曲家になりたいから大学を中退したいと申し出ました。父はしばらく考えて、よし、やれという返事です。それで三年になった途端に中退しました。父は自分の音楽好きの資質を息子も受け継いでいると思っていたのかもしれませんし、兄がもう東大の医学部に行っていたので、自分の跡は兄が継げばいいということもあったのかもしれません。

親友の作曲家の松平頼暁[*5]さんなども、湯浅は文系と理系がうまく釣り合っているというようなことを言いますが、文系だけでは音楽はできません。音楽には数理的な部分がかなりあるのです。別な言い方をすれば、右脳と左脳の機能が最高に発揮されたとき、いちばんすばらしい音楽ができる。右脳は音楽脳と、左脳は言語脳と言われています。また、右脳はアナログ的なものを扱い、左脳はデジタル的なものを扱うとも言われていますが、音楽には両方が必要です。私の生い立ち、経験、学習は、音楽のためにはよかったのではないかと、今にして思います。

もう一つは、私が十六歳のときに終戦になって、それまでの価値基準が滅びてしまったことがあります。先生や大人たちはそれまでの拠り所を失い深い挫折感に襲われていたので、私たち少年は、大人はもう頼りにならないことをいろいろなところで見せつけられました。そんな情況下で自分の道は自分自身で切り開かなければならないことを、自然に学んだように思います。

そういうことが一つの原因となっているのかもしれませんが、私は音楽の中では最先端的なことをやってきたつもりでいますし、また実際、前衛作曲家と言われてきました。

終戦後にそれまで日本を動かしてきた主体が喪失してしまったのです。そして大学生のころ、私はサルトルの実存主義に大変影響されました。これは言ってみれば主体性の哲学です。主体性を失った大人たちに対する失望感が、そこで埋め合わせされたのではないかと思います。

●実験精神

大学を中退する一年ぐらい前に私はすでに武満徹[*6]などと知り合っていて、毎日交流していました。そこから実験工房[*7]という前衛的なグループができました。作曲家が武満徹、鈴木博義[*8]、福島和夫[*9]、佐藤慶次郎[*10]、私の五人、造形作家が五人、照明、ピアニストの園田高弘、詩人が一人から成るグループでした。実験工房の同人ではないのですが、シュールレアリスムの詩人で美術評論家の瀧口修造さんが、我々のグループに実験工房という名前と、エクスペリメンタル・ワークショップという英語名をつけてくれました。

実験工房は、ものをつくるには実験精神が不可欠だということをモットーにしていました。今でこそインターメディアとかミックスメディアという言葉がありますけれども、当時はそんな言葉も考えもまだなかった。我々はそういうことをやろうというグループだったのです。私の前衛的な姿勢は、そこで七、八年試行錯誤を積み重ねるなかでも培われました。

また、大学では、瀧口修造さんの同期で慶應義塾の学長も務めた佐藤朔さんのフランス文学のクラスを選択科目で取って、フランスの新しい流れの話を聞き啓発されました。朔さんが翻訳したボードレールなどは読んでいましたが、『NRF』というそのころのフランス文学の新雑誌の話に深く感動した覚えがあります。なかでも詩人のフランシス・ポンジュについての話が鮮明に残っています。

実験工房の同人は、瀧口修造さんの影響でアンリ・ミショーなどシュールレアリスティックな詩を読んでいました。アンリ・ミショーは自動筆記の手法で絵も描いたし、そういうものの影響もありました。

むろん、音楽とは何かということを実験工房の若い作曲家たちが絶えず議論していたのはいうまでもありません。それはコスモロジーの話につながっていくし、音楽をつくる人間とは何かという設問に帰結してもいきます。

人間とは何かという問題から、人間は他の動物とどこが違うかという疑問が生まれ、人類学的な勉強にも興味を持ちました。人間である証とは何か。道具を使うというのもその一つです。ゴリラやチンパンジーも道具の一次的使用をやりますが、人間は道具で道具をつくるという、道具の二次的使用をやります。

人間は道具は身体的能力の延長として使いますが、考えてみると、人間の声帯のような、音響を発するという身体的能力を延長したものが楽器という道具なのです。ですから、楽器の演奏は、最も人間的な行為なのではないか。そんな興味から、猿の研究の河合雅雄さんなど京都大学の霊長類研究所の研究者の自然人類学の著書やまた文化人類学の本もずいぶん読みました。

●禅との出会い

我々は日本人ですから日本語で考えます。そこで日本の伝統文化とどう対応していくかという問題が起こります。作曲家になって二、三年目のころに、私は日本の伝統についてあまり知らないということを感じました。そんなときにたまたま鈴木大拙の『禅と日本文化』という岩波新書を読み、示唆されました。それから次から次へと鈴木大拙の本を読んで、禅についてはある程度勉強したつもりです。

新しい音楽あるいは芸術をつくっていくときには、何となく聞いたことがあるようなものをうまくつくるのではなくて、オリジナリティが問題になります。

美術の言葉に既視感《デジャ・ヴー》という言葉があります。すでにどこかで見たことがあるような感じということです。既視感の反対は未視感です。現代美術、特に抽象絵画などでは、今までにないものを描くのですから、当然未視感が問題になります。

音楽も当然そうなはずです。でも、音楽の世界で未聴感を言う評論家はいません。音楽はそのほとんどが再現芸術です。その中にもオリジナリティが必要だという話は先ほどしましたが、すでにあるものを演奏することが音楽の活動の大半を占めていて、新しくつくっていくというのは、美術に比べて非常に少ないのです。音楽はそれだけ非常に保守的な世界にぬくぬくとしているところがあるとも言えるでしょう。

そのことと禅とが関係するのは、禅には、既成概念にとらわれないで物を見るということがあります。既成にとらわれないで、あるいは視座を変えて同じものを見ると、今までとは違う方向が見えてくる。違う実存感、リアリティが見えてくるのです。そういう意味では、禅の教えは創造精神の根本に深く関係していると思います。

私は悟りを開いたことがありませんからわかりませんけれども、鈴木大拙の本を読むと、悟りを開くと無限に創造的エネルギーが、泉がわくように出て来ると表現しています。そうなればどんなにいいかと私は思ったことがあります。

●能と現代音楽

私はまた、小学校の四年生ぐらいから五年間ほど謡をやり、仕舞いも七、八番習いました。能の精神的なことはわからないままに見よう見まねでやっていたとはいえ、今になってみると能の時間空間なり精神的な空間なりを何となく体得していたような気もします。

能の音楽には現代音楽との共通点が多くあります。西洋の合理的なアプローチが行き着いて非合理的なものにまで到達している部分と、もともと非合理的な日本の音楽がねらっている部分とが、ある点では一致するのです。

例えば、時間の問題です。古典的な西洋音楽は、モノクロニックというか、単一的な時間の上に成り立っています。モーツァルトでもベートーベンでもバッハでもすべてそうです。別々の時間が同時に進行することはありません。拍子もリズムも全部その上に乗っかっているのです。変拍子などもありますが、基本のリズムは変わらない。

一方、能の音楽では、笛と地謡が違う時間で成り立っていることがあります。その時の能の音楽はポリクロニック、複合的な時間なのです。つまり、片方があるテンポでやり、同時にもう一方が別なテンポでやって、それが合わさって一つの音楽になる。同じようなことを、ヨーロッパの現代音楽では、五十年も前からシュトックハウゼン[*11]やリゲティ[*12]やクセナキス[*13]がやっています。能とアプローチの仕方は違ってもそこに共通性があるのはおもしろいと思います。

連続的な時間と非連続的な時間もまた問題になります。キリスト教的な時間と仏教的な時間といってもいいでしょう。キリスト教的な時間とは、過去・現在・未来という一本でつながっていく線的な時間です。それに対して仏教的な時間は円環的時間で、自分のただいまいる時間がすべてであるというような時間です。

線的時間の上に立つ音楽は、音楽的にいうと数え得る時間です。四拍子なら一、二、三、四と延々と続いていますから、その上に何が起こっていくかが予測できます。ところが日本の舞――盆踊りのような「踊り」は身体的なものから出てくるのですから数えられますが、それとは別の芸術的に昇華された「舞」の音楽――は、数えられない時間を持っています。

私はバレエの音楽も日本舞踊の音楽も同じような前衛的な手法で書いて来ました。バレエの人は、いくら変拍子があっても細かく全部数えて振りつけますが、日本舞踊の人は絶対に数えない。ずーっといって、ここでフルートがぱっと出てきたときに回るとか、そのずーっといくというのが日本的な時間なのです。これは能の、もう亡くなった観世寿夫さんとよくそういう話をしました。また観世栄夫さんも、ふーっと押していく時間というようなことをおっしゃっていました。

つまりヨーロッパの時間は、歩行や手の往復運動や心臓の鼓動のように、肉体的な、数え得るリズムに乗っている時間ですが、日本の芸術的な時間というのは息の持続によるのです。ふーっというのがそうです。笛も息がなくなるまで一息でずっと吹いていく。その間、洋楽の人は必ず心の中で数えていますが、そうやって数えないでずっと押していく。書道もそうです。書道でいう気韻は息をとめて筆を動かすところから出てくると思いますが、気と呼吸、そういうものから時間が生まれてくる。

日本の音楽の時間と西洋音楽の時間は根本的に違います。中途半端な音楽学者が、ヨーロッパ的なアナリーゼを、日本の古典音楽に対してやるのは、およそ二者の本質をつかんでいない、形の上だけのものだと思います。

私の音楽には二極性があるといえます。一つは個別性で、日本という、私が生まれ育った個別的な文化的伝統を背景に背負っていること。もう一つは普遍性ないし世界共通なものの基盤に立っていることです。極端にどちらかに寄った曲もあるし、七〇パーセントぐらいが西洋的で三〇パーセントぐらいが日本的というように両方にまたがった曲もあります。

また、私は代数が嫌いでした。数式を解くことの意味がぴんとこなかったのです。立体幾何学のような複雑な幾何学は好きで成績もよかったのですが、作曲家になってから岩波新書で『無限と連続』という遠山啓の数学の本を読みました。その中の位相幾何学《トポロジー》という項が特におもしろくて、考え方の上で深く影響を受けました。それを時間の上に応用した曲もあります。

●始源性への姿勢

実験工房はまた、テクノロジーへの果敢なアクセスという姿勢を持っていました。私も武満徹も最初はテープ音楽を試みました。テープができてきた直後に、ソニーの前身の東京通信工業に小さなスタジオを借りて、日本の草分けというようなテープ音楽をつくったのです。今でいうミュージック・コンクレート[*14]です。それからしばらくラジオや映画音楽を頼まれてつくっているうちに、NHKの電子音楽スタジオから電子音楽をやらないかという誘いがあり、それ以来電子音楽も何年も手がけてきました。

この系統は、現在はコンピューターミュージックに集約されます。方法は違っても、実際に起こる音響現象は、テープ音楽からコンピューター音楽までスムーズに移り変わっています。

それとは別に、言語と音楽との新しい関係を探った作曲の系列が十曲ほどあります。

こうして私の作曲の系列は複数ありますが、それらを通底して常に考えてきたことがあります。それは、個別性と普遍性を日本固有のものと世界共通あるいは人類共通のものと考えると、東洋対西洋という図式が出てきますが、それを超えるものとは何かということです。東洋も西洋もまだない、人間の文化の発生、あるいは言語を獲得したばかりの状態とか、人間が初めて宗教的な世界を持ったときとか、人間の本質的な問題です。芭蕉の不易流行ではありませんが、私は新しいものも、時代の変遷につれて変わらないものも両方大切だと思います。

ここで問題になるのは、私にとって始源性、物事の始まりの問題です。始源性に対する姿勢を私は常に持っているつもりですが、原始宗教の発生に若いころから興味がありました。『内触覚的宇宙』というピアノ曲は、そうした興味から生まれたものです。これは四曲あって、その中の二曲がピアノ曲、一曲は尺八と二十弦の曲、わりと最近の『内触覚的宇宙四番』はチェロとピアノの曲ですが、現在は『五番』を、オーケストラで構想し始めています。それとは別に『始源への眼差し』と題する大きいオーケストラの曲もあります。

●非合理の時間を持つ曲

『二つのフルートのための相即相入』という一九六三年の作品は、先ほどの数え得ない時間をできるだけ正確に五線に全部書いた曲です。相即相入というのは禅の言葉で、簡単に言うと、私はあなたになり、あなたは私になりということです。

鈴木大拙の言葉によれば、しかもその上で私は私であり、あなたはあなたであるということが相即相入なのです。これは、西田哲学[*15]の「絶対矛盾的自己同一」とほとんど同じ思想でしょう。私があなたになり、あなたは私になり、しかも私は私で、あなたはあなたであるというのは、絶対矛盾しています。

この曲も、相手の曲を聞いていないと自分は演奏できない仕組みになっています。しかも、二人のフルートで二曲あるんですが、一曲目（譜例1）はお互いにテンポが常に変わっていきます。絶えずアッチェレランド（次第に速く）からリタルダンド（次第に遅く）へと、だんだん速くなったり遅くなったりするし、楽譜が細かく書かれているので、上下の二人の楽譜が全部目で見たように合うことはありません。テンポが違うからずれてくる。ずれてきたところを調整するようにフェルマータ（延音、延長する）があったり、また、ここだけは一緒になりますという仕掛けがあちらこちらにある。ですから、相手の演奏に自分が入っていく、同時に自分の演奏に相手が入

Interpenetration for 2 flutes. I
二つのフルートによる相即相入 I

Jōji YUASA
湯浅譲二

譜例 1

Interpenetration for 2 flutes. II
二つのフルートによる相即相入 II

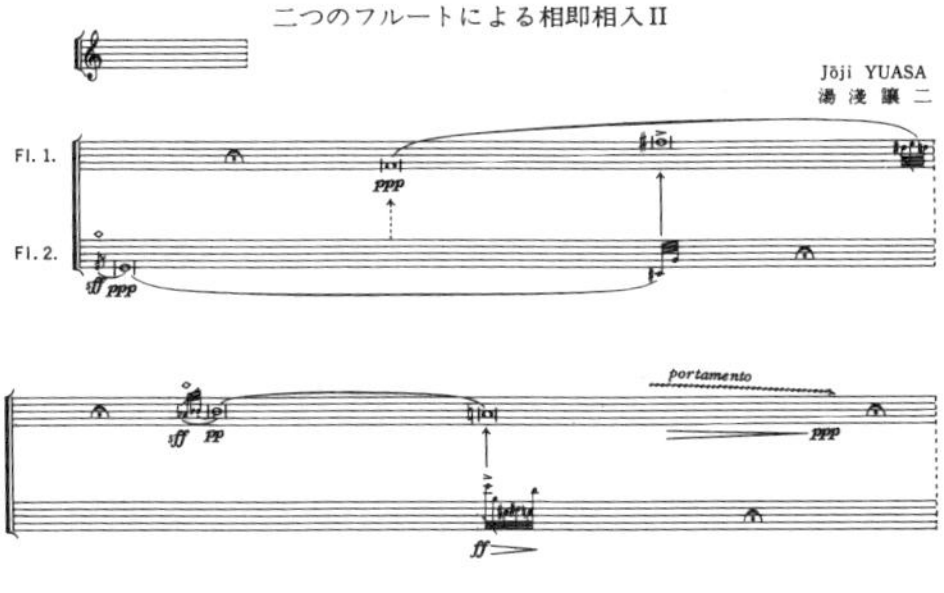

譜例 2

ってくるという、まさに相即相入の形が取られています。

二曲目（譜例2）は楽譜は細かくはないのですが、息の続く限りというのがたくさんあります。息が続かなくなったらそのフレーズは終わりというようなことが書いてあって、それがお互いに反応していく形です。これまでに、国外で外国人の演奏家によっても何度も演奏されていますが、彼らにしても数えられない時間でやるしかありません。

一曲目は数えようと思えば数えられるかもしれませんが、絶えずアッチェレランド、リタルダンドしている中で、11連音符とか7連音符があるので、実際問題としては合理的に数えることは不可能です。楽譜は正確に書かれているので、コンピューターでリアライズすれば正確にできるでしょうが、人間は非合理的に勘でやるしかない、数えられない時間です。これは能の笛などにも関係してきますが、具体的にはどこかの手法を取り入れているということがなくても、気分としては関係があると思います。

ここで問題になるのは、音楽家にとって伝統とは何かということです。音階で説明しましょう。私は嫌いな言葉ですが、ヨナ抜きといって、音階の四番目と七番目、ドレミファでいうと「ファ」と「シ」を抜いた、ドレミソラドという五音音階が日本にはあります。けれどもそういう音階を使うことや、あるいは尺八とか琴などの伝統楽器を使うことだけが伝統の継承になるとは、私は全く思いません。

伝統とは、思考の構造にあるのです。それは実際にそういう音階を生み出したり、楽器を生み出したりしてくるもとです。これは日本語の構造にも関係してきますが、単なる思考の構造だけではなくて言語が生み出す感性の構造にもやっぱり伝統が内包されていると思うのです。

例えば、感覚の表現では、日本語特有の言葉、つまり翻訳不可能な言葉が沢山あります。色彩ではあかねいろ、体性感覚のすがすがしいとか、だるい、その他、こうした言語が日本人の感性を培っている基盤なのです。

その意味で、数えられない時間の上で音楽をつくるということも、日本の伝統を正当に受け継いでいると私は考えます。ですから楽器はフルートでもいいし、電子音楽でさえも伝統を敷衍することはできると思っています。

●西洋的な発想の逆転

日本の音楽には、簡単に言えば、西洋の音楽のようなハーモニー構造がありません。西洋の音楽では、メロディーはハーモニーの構造によって支えられています。ですから、メロディが移り変われば、あるいはメロディが同じ音程を持続していても背後にあるハーモニーが変われば、音楽の性質はそこで変わっていきますし、そういう醍醐味を持っているのが西洋音楽でしょう。日本の音楽にはそういうハーモニーの構造がないかわりに、別なところに音楽的インフォメーションがあります。

西洋音楽はハーモニーの構造が大切ですから、ピッチは全部まっすぐでなければならない、曲がった音程を吹いてはならないという原則があります。最近の現代音楽では曲がった音もどんどん書きますが、私が若いころは、まっすぐな音程で演奏するように訓練されてきた古い演奏家たちに、曲がった音は吹きたくないとさんざん抵抗されました。今では演奏家たちはそんなことを思わないでちゃんとやってくれますから、三、四十年たつとこれほど世の中は変わるのかと私は時々思います。

ところで、音程が曲がるということは、音楽の大切な部分なのです。琴では押し手とか引き手とかがあって、押し手の記号にも重い「ヲ」や軽い「オ」、半音と全音があります。尺八はほとんどいつも音が曲がっています。三十年ほど前にウィーンで、現存する世界最高の作曲家リゲティが、すばらしい日本の音楽を聞いたという話をしたことがあります。作曲はあまりおもしろくなかったが、楽器がすばらしい、と。何のことかと思ったら、尺八なのです。尺八は一オクターブ以上にわたって音をすべらせながら上昇したり下降したりするグリッサンド奏法ができますが、そういう演奏ができる楽器はすばらしいと、現代音楽の人は思うわけです。謡にしても、小学唱歌のように音程正しく謡ったら、とても聞いていられません。日本の音楽は、あるところに向かって四分の一音ぐらいすべらしていくというところが、音楽的なインフォメーションなのです。

一九六三年にNHKの電子音楽スタジオでつくった『Projection Esemplastic for White noise』という曲で、私はこの日本の伝統について考えました。

タイトルにある「ホワイトノイズ」というのは、可聴周波数が全部含まれている電子的なノイズです。普通の電子音楽は、サインウェーブとか鋸歯状波とか矩形波とかの短音からだんだんに音を重ねていって厚い音にいきます。これは全く西洋的合理的なアプローチの仕方です。ベートーベンの『運命』の第一楽章は、あの冒頭のダダダダーンというのだけで全部できている。そのように、あるモチーフで細胞をつくって、その細胞がボディを組み立てていくというやり方が、西洋の合理主義的なやり方です。日本の音楽のつくり方は全く違います。

当時の西洋の電子音楽は、サインウェーブのような、これ以上シンプルな音は存在しないという単振動の音でできていました。普通の音はすべて複合音響で、一つの音の中に実はいくつもの倍音が重なっているので、人間はほんとうの単振動は発信器からしか聞いたことがありません。ですから人間の耳はそういう単振動を聞くようにはできていなくて、複合音響を聞くようにできています。いわゆる一音の中にいくつもの音が混合しているお寺の鐘の音を愛でるのは、人間の生理的な現象からいっても自然なことなのです。

物事を要素に分解（還元）して考えるという良くも悪くも西洋の合理主義的な考えから、音楽も単振動から出発する西洋のやり方。それを私は否定したかったのです。

ホワイトノイズの裸の音は、今のラジオはあまりそういう音はしませんが、放送がないときに音量を上げると聞こえるサーッという音だと思ってかまいません。そこから上の音をカットすると、巨大なボイラーのそばに立っているようにボワーッという音がするし、逆に下を切ると、風のようなサーッという音がします。細くすればするほど、だんだんと音程に聞こえてくるのです。

私は、全部を含んだ音をどんどん削っていくという、西洋的な発想とは逆のやり方をしたのです。しかも、まっすぐな音は使わないで、全部曲がった音でつくりました。その意味では、日本の伝統的なものと非常に関係があると今でも思います。

『Projection Esemplastic for White noise』は非常に抽象的な音楽です。音源はホワイトノイズだけで、それをいろんなふうにフィルターでカットした音を材料にして構成しました。当時はコンピューターがありませんから、一音一音手仕事でつくり、それを組み立て録音を重ねて、七分半の曲をつくるのに三カ月半ぐらいかかりました。

この曲には多くの音がありますが、縦軸にいちばん多く重なっている部分は二五音重なっています。まだステレオ放送がないころで、モノラルでしかつくることができませんでした。それで、送り出すテープが五台あって、それを受けるテープが一台あったから、五本をいっぺんに録音すると五本分が一本になります。もう一度それを繰り返すと二十五本になるというような形でつくったのです。

一つずつ手でつくるのですからまさに手仕事です。今ならコンピューターでもほとんど同じようなことができるし、実際にシミュレーションしてやった学生がいます。ただ、手でやっている場合は、人間が聞きながら人間の耳の感覚でやる。耳の感覚というのはロガリズミックに対応していて、そういう意味では美的にできています。それをコンピューターでやるときれいにはできますが、すかすかした感じでおもしろくないのです。手仕事のよさはこういうテクノロジーの中にもあるというのが、おもしろいところです。

●ホワイトノイズのさらなる実験

それから十五、六年たつと電子音楽のコンピューター化が進んできました。私が書いたコンピューターミュージックに『I have lost it』というのがあります。これは精神病理学者のR・D・

ラングの『Do you love me ?』（邦訳は『好き？ 好き？ 大好き？』）という本の中からとっています。この本は要するに、精神病質を持った人の戯言みたいなことばかりですが、ある意味では非常に詩的なことが書いてあるんです。

この中の一節を英語で普通に読んだ音声をコンピューター処理しました。テープの場合はテンポを遅くすると音程が下がりますが、コンピューターなら時間もテンポもそのままで音程だけを自由に変えられます。音程は人間がしゃべった状態のまま保ちながら時間を引き延ばすことも可能です。二倍とか四倍とかにいろいろ引き延ばして実験しましたが、倍ぐらいに引き延ばすと病的で気《け》だるく感じるのです。

音楽として何をつくりたかったかといえば、人声の成分と全周波数の音を均等に含むホワイトノイズとを結合させることです。声の成分のエネルギーをコンピューターでデジタルに変換して、私が作曲したホワイトノイズの成分にすりかえていくのです。普通の声を出して録音したものを、一〇〇パーセントホワイトノイズの生のものとすりかえると完全に無声音になります。ただ、言っている言葉はちゃんとわかるのです。人間の声を二〇パーセント残して後はホワイトノイズで作曲した音にすることもできますから、そういうことをいろいろとやる。

そうやって私は、正気ではない人の、ある種の心理的な空間を音楽であらわしたいと思ったのです。

I have lost it

Lost what?
Have you seen it?
Seen what?
My face
No

この短い詩が三回繰り返されますが、別々な、非常に単純なやり方でやっています。

三回目の「Have you seen it?」は時間を引き延ばしてあるので、音調の抑揚が、ゆっくりしたものになり、まるで歌を歌っているように聞こえるのですが、曲の最初で普通に「Have you seen it?」と言っているのと同じ声を材料に使っています。時間を引き延ばして聞くと、人間は歌うように話していることがわかって、私もおもしろかった。

●個別性から普遍性へ

私は世阿弥と芭蕉に因んだ曲を、十曲ぐらいずつ書いています。そのうちの一曲は『芭蕉の情景』という歌も言葉もないオーケストラ曲で、英語のタイトルは「Scenes from BASHO」といいます。

その際俳句を三つ選んでそれを楽章のタイトルにしました。第一楽章は「冬の日や　馬上に氷る　影法師」、第二楽章が「あかあかと　日は難面《つれなく》も　秋の風」、最終楽章が「名月や　門に指し

来る　潮頭」。

芭蕉の俳句にはすばらしいものがたくさんありますが、いい俳句が音楽になるとは限りません。私は今まで二十句以上を音楽にしていますが、たいていは芭蕉自身と宇宙や自然との合一を感じる句を選んでいます。私は俳句を音楽的に描写しようと思ったわけではありません。もちろん、ふさわしい俳句を選んでいる以上それらしい感じがするかもしれませんが、私はあくまでも宇宙と人間との一体感を音楽として表現したかったのです。

この曲はN響をはじめ日本各地で、またポーランドやオランダ、アメリカのワシントンやニューヨークでも演奏されていますが、私がいちばんいい演奏だと思ったのはベルギーの放送オーケストラです。日本人なら日本的なものがうまく演奏できるということはありません。

ベルギーでは音楽的にすばらしい演奏をしてくれました。演奏が終わってステージの脇に行くと、ベルギー人の演奏家が十人ぐらいやってきて、自分は現代音楽はあまり好きではないが、この曲はやっていてほんとうによかったと言いました。日本ではなかなかそういう経験はないのですが、作曲家冥利に尽きると思ってうれしかった。

ユングが無意識を三つの段階にカテゴライズしています。無意識はもちろん意識とつながっているわけですが、ユングによると、表層の無意識は個人的無意識です。これは、コスモロジーのところで説明した、家族構成など身近なものごとが無意識の中にインプットされたものだと思います。中間にあるのが社会的無意識です。例えば軍国主義の時代には軍国主義的なものが我々の中に無意識に培われるように、社会のそのときの情勢、傾向が無意識の中にインプットされている。深層の無意識を、ユングは普遍的無意識と呼んでいますが、これは、有史以来連綿とつながっている、いちばん深いところにある無意識だということです。

ベートーベンやモーツァルトやバッハの音楽はドイツやオーストリアの社会性とか伝統とか民族性が反映されている音楽ですし、石畳の上を歩き、日曜日になればあちこちの教会で鐘が鳴るような社会でつくられたものです。にもかかわらず、現代の日本人が聞いて感激できる。これは、彼らの音楽が特有の社会性や民族性を超えた普遍的なものを持っていて、それが我々の持つ普遍性に訴えるからではないでしょうか。

私の音楽もまた、中国人とかチベット人とか、アフリカ、ヨーロッパ、アメリカといった地域を超えて、人間の普遍的無意識ともいうべき、本来持っているところに訴えることができればいちばん幸せだと思います。そのためにも、究極的には、東洋も西洋もなく、人種や文化が地球上で分化して来る以前、言わば〝裸の人間〟の時代の、本源の人間性を育んだ、「始源性」への姿勢を大切にして音楽をつくっていこうと思います。

注

＊1　園田高弘　一九二八年生まれ。東京音楽学校卒。実験工房同人、五二年に渡欧、日本最初の国際的ピアニストとして五八年から各地で活躍。

＊2　伊福部昭　一九一四年生まれ。ほとんど独学で音楽を学び、北海道の土俗的な音楽をベースにした作品を発表している。「日本狂詩曲」などのほか、「ゴジラ」などの映画音楽でも知られる。

＊3　早坂文雄　一九一四—一九五五年。独学で作曲を学び、独立作曲家協会に参加。「古代の舞曲」「ユー

カラ」などのほか「雨月物語」「羅生門」など映画音楽でも活躍した。

＊4　新作曲派協会　戦後すぐに結成された、いわば日本の国民楽派ともいえる作曲家集団。清瀬保二、松平頼則、早坂文雄、伊福部昭他。

＊5　松平頼暁　一九三〇年生まれ。立教大学名誉教授（生物物理学）。作曲家、日本現代音楽協会委員長。

＊6　武満徹　一九三〇―一九九六年。五七年に発表した「弦楽のためのレクイエム」は日本現代音楽の古典的作品。映画音楽も多く、また文筆活動にも才能を発揮した。

＊7　実験工房　一九五一年に結成、五八年まで活動をつづける。作曲家（武満、鈴木、佐藤、福島）、ピアノ（園田）、詩・評論（秋山邦晴）、美術（北代省三、福島秀子、山口勝弘、駒井哲郎）、写真（大辻清司）、照明（今井直次）。湯浅譲二は五二年に参加した。

＊8　鈴木博義　一九三〇年生まれ、実験工房同人、作曲家。

＊9　福島和夫　一九三一生まれ、実験工房同人、作曲家。

＊10　佐藤慶次郎　一九二七年生まれ、実験工房同人、作曲家、造型作家。

＊11　シュトックハウゼン、カールハインツ　一九二八年、ドイツ生まれ。ドイツで音楽を学び、パリでミュージック・コンクレートのグループに参加、のちにケルンの電子音楽スタジオの所長となる。

＊12　リゲティ、ジェルジュ・S　一九二三年、ハンガリー生まれ。ハンガリーで音楽教育を受けた後、ケルンの電子音楽スタジオを経てウィーンで実験音楽を発表しつづける。

＊13　クセナキス、イアンニス　一九二二―二〇〇一年。ルーマニア生まれ。建築家から作曲家へ転じた。電子技術だけでなく、確率と偶然を取り入れた複雑な作品を発表。

＊14　ミュージック・コンクレート　楽器の音以外に、自然の音や人工の騒音など現実の音を採取、構成して芸術的作品としたもの。具体音楽ともいう。

＊15　西田哲学　西田幾多郎（一八七〇―一九四五）は西洋哲学と禅などの東洋思想を融合させた独特の思弁哲学を説き、大正・昭和期の思想に多大な影響を与えた。

NPOは面白い

冨田　洋

冨田洋（とみた　ひろし）
一九五三年（昭和二十八）年、兵庫県に生まれる。慶應義塾大学工学部卒業。現在、ジオ・サーチ社長。NPO・JAHDS（人道目的の地雷除去支援の会）事務局長。ニュービジネス大賞優秀賞、日本文化デザイン賞企業家賞、慶應義塾大学理工学部研究奨励賞等受賞多数。

●地雷除去とは何か

まず、地雷について説明します。地雷は数百種類あります。第一次世界大戦時に対戦車地雷が開発され、金属探知機で探知されやすいことから、その周辺に金属を少なく用いた対人地雷が開発されました。

時代が進むに従って人間の戦いは残虐性を帯び、兵士対兵士の戦いから、一般市民も対象とした無差別な争いとなってきました。その流れの中で多用された武器が対人地雷で、一個三百円ぐらいでできる別名が「貧者の核兵器」とも呼ばれています。

対人地雷の中でも、酷《むご》い結果をもたらした例としては、ソ連がアフガニスタン[*1]のときに使ったバタフライ地雷です。これは子供を標的にしたものなのです。緑色や黄色や赤に着色してヘリコプターから散布しました。これがひらりひらりと落ちてくると、子供たちが何だろうと取り上げる。しばらく遊んでいると突然中心部の爆薬が破裂して指を吹きとばし、次にふくらんだ羽根部の中にある腐食性の液体が飛び散って、失明させたりヤケドを負わせます。子供が指を失ったり失明したりするのです。

ソ連はアフガンのゲリラに対して抵抗するとこんな目に遭うぞと自分たちのすごみを見せたわけです。このように子供まで巻き込むのが近代戦の残虐性です。

一九九六年にペルーで大使館がゲリラに占拠され日本人が人質になる事件がありましたが、救助側が時間をかけて下からトンネルを掘らざるを得なかった理由が、ゲリラが庭に布設した地雷の存在です。

対人地雷は人をすぐに殺す兵器ではありません。犠牲者をのたうち回らせることで他の人に恐怖感を与えるのです。除去する側を狙って、取り上げようとするとスイッチが入る仕掛けの地雷も考案されました。端的に言うと、地雷は巧緻な知恵を使っていかに人を引っかけるかという武器で、非常に残虐性があります。

●空洞調査から地雷除去へ

都市部の道路や歩道の下に布設された下水管や地下埋没物が老朽化し、土砂が流出すると空洞が発生します。放っておくと突然陥没事故が生じます。私どもの本業はこの空洞を発見し事故を防止するいわばインフラセキュリティー事業です。

一方、あたりかまわず布設された地雷や不発弾を探知し処理する作業が地雷除去作業です。とともに目に見えない危険物を正確に発見し事故を未然に防止する点で似通っています。

ただし、事業では利益を上げて社員とその家族を養います。NPOはあくまでも無私無償の信条のもと、一刻も早い地雷被災国の復興と自立が目的です。

●地雷原に住む人々

地雷の禁止キャンペーンの結果、地雷の製造、移転、使用は禁止されましたが、今一番問題になっているのは残留した地雷や不発弾をどう処理するかです。実は残留地雷の数倍も存在する危険物は不発弾です。例えばカンボジアの東側は、ベトナム戦争[*2]のときにアメリカが落とした大量の不発弾が放置されています。

つまり、地雷も不発弾も同じことで、そういう危険物があるために人々は日常生活に戻れない。特にアンゴラ[*3]やカンボジア[*4]は農業立国ですから、土地が使えないと死活問題です。私はカンボジアに行って驚きましたが、ほんとうに貧しい。米ができても彼らはその米ではなくヒエとかアワを食べて、収穫した米はタイなどに売るのです。それが収入源です。土地が使えないということは、生活ができないということで、これ以上悲惨なことはないでしょう。

日本にいると想像もつきませんが、彼らが住んでいるところが地雷原なのです。生活区域から地雷原が独立しているのではなく、地雷原になっているところに元住民が戻ってきて家を建ててしまっているわけです。

国境沿いの村は交通手段がほとんどないので、農民は直径二、三キロぐらいの世界の中で一生を過ごします。ほかの場所へ行く道も手段もない。ほとんどの農民は自転車を持っていません。そんなところで農民たちは、いつ死ぬかもしれないという恐怖におびえながら、それでも日々生きていかなければいけないのです。

村は貧しいだけではありません。ポル・ポト政権が多くの教育者を虐殺しましたから、生存できた人たちの多くが子供やお年寄りで、教育する層が少ないのです。飛行機で奥地へ入ると、戦争が終わったことさえ知らない人たちもいます。交通路が破壊され情報が欠落しているのです。そういうところに住んでいる人たちに一週間先、二週間先のことを話しても無意味です。今日を生きられるか生きられないかが問題なのです。

かつてカンボジアはアジア圏最大の富裕国でした。カンボジアは、国のリーダーが失敗すると国が滅ぶという典型ではないでしょうか。国民の教育層を虐殺すると文化が伝承されない。八世紀から十五世紀ぐらいまでつづいたクメール王朝は、四毛作による豊かな穀物を、インドや中国が運んでくる物資と交換して栄えた王国でした。それほど富裕だった土地が、現在では地雷や不発弾によって汚染された不毛地帯になっているのです。

なぜ紛争が起きるのでしょうか。カンボジアは豊饒な土地が広がっていますから作物の生育が早いし、麻薬もつくれるし、ルビーやサファイアも採れる。アンゴラはダイヤモンドと金です。中東は石油。そうした自然資源を列強が取り合い、その国が侵略されて悲惨な目に遭うのです。人間の歴史というのは略奪の歴史ではないかと思います。

●地雷除去の装備

地雷は地中から爆発し吹き上がってくるため、地雷除去はしゃがんだり腹ばいの姿勢で作業し(図1)、顔面を保護するために強化プラスチック製のバイザーをつけ、防弾チョッキを着ます。

とにかく軽くてよく見えて、簡便に着脱できることが必要なのです。また、地雷に触れて被害に遭ったときに、救い出しに行く多くの人も被害に遭います。除去オペレーターは自力で止血して脱出してこなければなりません。そのために抗生物質とか止血剤も持っています。

金属探知器にはいろいろな種類があります。プラスチック地雷には針一本ぐらいしか金属が入っていないので、感度をすごく上げますから、ありとあらゆる金属に鳴ってしまいます。金属探知器は音の強さはありますが形状は判断できません。

金属探知器は地面にぎりぎりまで近づけないと感度が上がりませんから、地面はある程度平らでないといけないのです。そのために木を刈るのが厄介で、探知の前処理に非常に時間がかかります。ジャングルは木を十五センチぐらいずつ切り取っていきますから、これも大変な時間がか

図1　地雷の除去作業

かります。

金属探知器が鳴った場所の必ず手前にマークを置きます。そのマークを中心にして、針を刺して探っていくのです。何かカツッときたら、スコップで手前からそろりそろりと掘って地雷を除去します。

装備は七、八キロ程度であんがい軽いのですが、実際に五十度にもなる炎天下では、集中できる作業時間は十五分程度で、休憩しつつ一日五時間程度行います。

私も現地を見るまでは、ブルドーザーなどで一気に爆破したらいいじゃないかと思っていました。でも通常地雷は、見つかるようなところには埋めてありません。ゲリラ戦ですから、あぜ道などで、ちょっと足を掛けるようなところ、またヤシの木や、ヤシの実や魚をとりに行く途中にすっと仕掛けてあります。

二重三重の仕掛けもあります。竹やりが突然飛びだし、倒れたところに地雷が埋めてあるとか。地雷の埋め方や使用された武器は、それぞれの民族がどういう形で戦ったかを知っておかないと、なかなか見当がつきません。

●ロハール村

ロハール村は私たちが第一号プロジェクトとして支援している村です。地図にも載っていない村で、道路も通っていませんから、歩いていかなければなりません。義足が手に入らないので機関銃の銃座を切って着けるしかないようなところです。

ここでは地雷よりも疫病が最大の問題です。医者が来られないのでマラリヤ等の治療ができません。

地雷や不発弾の除去作業はあくまで手段で、我々の目的は、毎日死ぬかもしれないという恐怖にとらわれている人の恐怖を取り除いて、自立させ、明日を生きる夢、希望を与えることです。元兵士を中心とした地雷除去のオペレーターが、仮設小屋を建て、地雷除去機材一式を持ち込んで、数カ月から半年位暮らしながら作業をします。朝七時ぐらいに起きて、除去を始めます。九時ぐらいから温度が上がってきます。

私たちが視察に行ったときは人影がなくて、ロハール村はほとんど人がいないんじゃないかと思ったのですが、家の中を見るとたくさんの人がいました。

ここは除去できた、例えばこの校舎の中はもう大丈夫だという確認ができたと同時に、人々が元の生活に戻っていくのです。

まず、人通りが増えます。牛の放牧に向かう人、行商に出る人、子供たちも明るく外で遊び始めます。建設途中で放置されていた学校も、すぐ草や大きな木の葉で屋根がつくられ、板壁が打ち付けられ、どんどん復興が始まるのです。

今ロハール村では、地雷除去のオペレーターを六十人ほど雇用しています。今年（二〇〇〇年）の目標は二十五ヘクタールです。村にはおよそ千人が住んでいます。地雷除去のオペレーター六十人は家族を六人ぐらい持っていますから、およそ四百名。一年間で千四百人の生活を元に戻して、二十五ヘクタールで生きていけるようにするのが目標です。

この活動のやりがいがあると思うのは、確実な成果が体感できるからです。何平方メートルクリアになったかが見える。すると人間の目の色が生き生きと変わってきます。人が人をダイレクトに救えることはそんなにないと思います。

今までは危険の中でビクビク暮らしていた環境が、自分の汗を流して自分も家族も養えるようになるのです。そういう環境をつくることがこの活動の目的なのです。

ただしカンボジアは、二〇〇〇年にメコン川が氾濫して大洪水になって地雷除去どころではなくなりました。雨季が五月から十月ぐらいですが、二〇〇〇年は雨季を過ぎてもまだ降りました。流域はほとんど水浸しの大洪水の状態で、ロハール村へもほとんどアクセスができなくなっています（今回の大雨は数十年に一度という激しいもので、通常十一月には乾季となりますが、この年は十二月になっても水が引かない地域がありました）。

●JAHDSの目指す支援技術パッケージ

私たちは技術的にトータルの支援パッケージを考えています。

私たちは地図も何もないところでスタートしなければなりません。現場に行くと、突然道がなくなっていたりするし、雨が降れば状況が一変します。それに、地雷原があるから行こうとしても密林があって入れないし、密林がどこまで続いているのかもわからないのです。ですから、どうやって位置情報をとるかが最大の問題になります。

地雷がどの辺に埋まっているかを想定し進入路を決めます。それから探知、除去に入るのです。

現地には大体手書きの地図しかないし、三十年前のもので現状とは違うので使えません。何とかならないかということで、ＪＡＨＤＳ ＶＩＳＩＯＮを考案しました。

まず、飛行機やヘリコプターで上空からデジタルカメラとかビデオで地形を撮影します。それを、画像の解像度をチェックしながらいろいろな高さで撮ってデジタル映像化します。

デジタルの映像をもとに、ＧＩＳ＝地理情報システムによって電子地図をつくっていきます。ですから、除去前の状況と除去中、除去後の地理情報が、データとしてどんどん更新できるわけです。

我々の活動の効果をデータ化することも考えています。除去前の状況を調べます。住民の情報もとり、人数なども全部データ化して戸籍みたいなものをつくる。除去し始めたら、毎日どのぐらいのペースで進んだのかをデータに入れる。そして除去が終わった後経済効果はどのぐらいになったかを、定量的につかんでいきたいのです。

私たちはたびたび現地に足を運びますから、現地の人々から村民の人数だとか、疫病はどうなっているかという話を聞けます。それを情報として蓄えて、その情報のパッケージをユニセフや赤十字に提供すれば、今度は彼らが学校や診療所をつくるときに役立つでしょう。

有益な情報をいかに集め、公開して伝達するか、そうした試みが今後の復興の重要なポイントになってきます。

もう一つ、道なき道を行くには現地仕様の４ＷＤやバイクが必ず必要です。そのバイクも、カンボジアは雨季で洪水となる季節では道路も冠水して、かなり水位が高くなりますから、排気管

図2　ヴェジテーションカッター

の位置が上の方にないといけません。悪路ですからクッションがよくないといけないし、自分たちで修理できないといけない。東京でよく売れている街乗りバイクは役に立ちません。そういうようなタイプを、トヨタ、ホンダ両社の支援で提供してもらっています。

もう一つ私たちが考えたのは、除去した後の確認です。ヴェジテーションカッターという灌木伐採機を使って二十センチぐらい掘り下げてやろうと思っているんです（図2）。

あとは必要であれば肥料も一緒にして、種をまいたらすぐに生きていけるようにする。そこまでやってあげたいと思っています。

元の生活に戻して経済的に自立を促すためのパッケージがだいぶ集まってきま

した。

　最後に、これが多分一番の宝物になると思うんですが、これによってどのぐらい経済復興が予想できるか。ここはどのぐらい畑になりました、これによってどのぐらいの経済復興、投資対効果が得られるか、をきっちり予測できるのではないか。それから、ここに住民情報を入れたりということを、今考えています。

●困難から生まれる新たな構想

　技術はあくまでも手段で、必要に合わせてどんどん進化しています。私は世界で初めて空洞探査を考案・空間化しましたが、最初はトライ・アンド・エラーでした。現場に行っては、こうじゃないか、ああじゃないかと工夫しました。現場では最初からハイテクの機械を完備する必要はない、使えるものからどんどん入れていけばいいのです。

　コソボに行ったとき、三年あれば浄化するだろうという感じを受けました。国土の面積は岐阜県ぐらい、戦闘期間も一年ぐらいで、どこに何が埋まっているかが大体わかっているからです。それに何よりも道路がいいので、重機を持っていけるのです。

　カンボジアは道路が悪いので、目的地へ行くだけで疲労困憊しますし、機材が振動で壊れたりします。

　カンボジアでは何でこんなに苦労するのだろう。ふと気がついたのが、ほとんどの地雷は国境沿いにあることでした。それならばタイからアクセスしたらいいのではないか。NGOを出しているタイ政府とノルウェーの政府と交渉して、私たちの技術支援でタイの国境沿いから支援していけばと考えました。

私たちが支援しているイギリスの除去団体等も、国境沿いはタイの道路から回してきています。そこでまた構想が膨らむのですが、メコン圏は、ミャンマー、ラオス、そしてカンボジア、中国、ベトナム、タイ、インドネシアと集まっています。その中で今安定している国はタイだけです。タイは日本から四時間ぐらいで行けますし、日本の企業はタイにベースを持っていますから、タイに後方支援基地をつくれないだろうか。これが私たちの中期的な構想です。

タイにまず機材を置く。ただ、ＯＤＡのように物をあげてしまうと、車にしてもあっという間に向こうの権力者の自家用車になってしまいます。我々の税金がこんなことに使われていていいのかと思います。

●新しい時代の支援の方法

まだこれは構想の段階ですが、ＪＡＨＤＳが必要な機材を購入して所有権を持ち、それを無償で貸すのです。メンテナンスやガソリン代は除去団体が出します。そうすれば車は何年も使えるし、プロジェクトが例えば四年ぐらいで終わったらその車は学校などに寄付するのです。

紛争直後の国はマフィア国家のようなもので汚職が蔓延していますから、かわいそうだからと物やお金をあげても何にもなりません。だれかのポケットに入ってしまうだけです。現場は「かわいそう」だけではすみません。またそういう不正が起きることで賄賂文化が増長します。日本の今までのやり方は問題があるのではないでしょうか。

尊敬はお金では買えません。現場で汗を流し、一方では物を我々が保有して信頼できるところに貸して、問題が出たらすぐに取り上げればいいのです。

外務省や国のやり方はもう時代に合わなくなっています。冷戦後はそれまでと時代が変わっています。今までのルールを修正するよりも、今の時代に一番合う方法をクリエイトするほうが早いのです。

私たちは税金を納めますが、これからは私たち一人一人が能動的になっていく必要があります。税金がどう使われるかを自分たちでチェックし、税金が役立つプロジェクトを自分たちでクリエイトするのです。ほんとうの民主主義というのは、個々人がそれぞれスペシャリストであり、対等なのです。平等とは少し違うような気がします。例えば、あなたが私の持っていないものを持っていて、私があなたが持っていないものを持っているから、いがみ合うのではなくて力を合わせたら、もっと大きなことができるだろう、という発想です。そういう時代に、今来ているのではないでしょうか。

ですから、政府を批判するのではなくて、こういうプロジェクトに対して、お互いに持っているものを合わせてやっていく。それがＪＡＨＤＳの名前の由来でもあります。私は音楽が好きだからジャズ（ＪＡＨＤＳ）にしたのですが、オーケストラでなくてもいい、ピアノのうまい人、フルートのうまい人がいて、感動できる音楽をアドリブでつくればいいのです。個性があって、これだったら任せてくれという人が集まって楽しくやればいいのではないかというのが一つの原点でした。

例えば、私どものジオ・サーチはメーカーではありませんから、デザインはしますが、物はつくれません。それは得意な企業に協力してもらっています。

共通なゴール、つまり一刻も早く民生技術と資金を結集して、地雷除去作業を効率化し、残留した地雷や不発弾を取り除いて元の生活に戻してあげようという目的で、個々が得意技を持ち寄ることがアライアンスの原点です。

●NPOのよさ

NPOがいいのは、人間が素直になれることでしょう。「これ、わからないから教えてくれない?」「それだったらこうだよ」というやりとりが生まれます。世界でもトップレベルの人から間近に教わることもできます。そういうことがおもしろいのです。

だれでもそれぞれが役立つ得意な分野を持っているのに気づかないだけかもしれません。それに気づき夢中になれれば、やりがいを体感できます。NPOはそういうところがあるのです。

今私はNPOに手をとられて、一年の半分ぐらいは海外に出ますから、本業がおろそかになっています。そうすると会社の人間たちは危機感を持って逆に自立してきています。しかし、私は事業屋ですから、ここ二、三年でJAHDSを引き継ぎ発展させる人材を育成中ですが、続々と鍛えがいのある若手が増えてきました。JAHDSは将来社会人学校のようになれるのではと期待しています。

何事も三年とか五年で期限を切って成果を確認するほうがいいのです。計画は最長三年でしょう。一年ごとに見直さないと状況がわからない時代になっているのです。国際社会では特に、不測の事態にどう早く対応するかというのが一番大事なことです。

速くなっている動きや変化に対して、早く対応できるところしか残れないでしょう。何とかなるといってもならないというのが、現場でつくづく学んだことです。例えば、車が泥の中につっこんでスタックしたとき、日暮れになると泊まるか放棄するしかなく、どちらにするのか早く決断しなければなりません。

現場に行って学んだことは即断即決ということです。下手していると皆殺しに遭うところもありますから。でも人間は不思議なもので、そういうところに長くいると、またその危険性に慣れてしまうので、安全な所へ戻り危険性を感知する感覚を養うことも必要です。

人間は、仕事をやりながらボランティアもやってバランスをとっていくのかもしれません。もしベンチャーで大儲けしても、稼ぐのは手段であって、儲けた金を何に使うかが目的なのに、日本人はどうも手段を目的にしているような気がします。

これからは、世の中の役に立つことをやれば評価される時代をみんなでつくっていかないといけないでしょう。それには、それぞれが闘っていかなければなりません。闘うというのは、相手をけなすようなことではなくて、自分も汗を流してその実現に参加するということです。ＮＰＯに参加して福澤先生の独立自尊の精神がやっと判ってきたように思えます。

注

＊1　アフガニスタン　一九七九年一二月に、旧ソ連軍がアフガニスタンに侵攻し、親ソ政権が確立したが、国外の援助を受けた反政府ゲリラ活動が激化し、ソ連軍は八九年に撤退した。九二年には親ソ政権が倒れたが、内戦状態が続いた。
＊2　ベトナム戦争　一九六〇年から七五年まで続いた、アメリカを相手とするベトナムの民族解放戦争。
＊3　アンゴラ　アンゴラは一九七五年にポルトガルから独立し共和国となったが、独立直後から内戦状態になった。九一年に和平協定が結ばれたが再び内戦が始まり、国連が介入したが安定には至っていない。
＊4　カンボジア　一九七六年に樹立されたポル・ポト政権下では富裕層、知識階級を中心に二百万人近くが処刑されたといわれる。ポル・ポト政権は七九年に倒れたが、その後も内戦が続き、九一年にようやく和平協定が結ばれた。九八年に国連に復帰、新政権が国際的にも承認された。

オリンピックとコーチ学

山崎一彦

山崎一彦（やまざき　かずひこ）

一九七一（昭和四十六）年、埼玉県に生まれる。筑波大学修士課程体育研究科コーチ学修了。四百メートルハードル種目五輪三回連続出場（九二年バルセロナ、九六年アトランタ、二〇〇〇年シドニー）、九五年世界選手権イエテボリ大会七位入賞（この種目では日本初）、九五年ユニバシアード福岡大会優勝。現在は㈶岐阜県イベント・スポーツ振興事業団スポーツ科学トレーニング・センターに勤務。

●大学時代の自覚

私はオリンピックに三回出場しましたが、残念ながら三回とも予選落ちし、オリンピックでは脚光を浴びなかった選手の一人です。オリンピックはプロセスよりも結果がすべてだと思います。今日は、そのオリンピックを中心に、自分が歩んできた道についてお話しします。

陸上競技の選手として私は、オリンピックを中心にほぼ四年計画でトレーニングをしてきました。オリンピックは一九九二年にバルセロナ、九六年にアトランタ、そして二〇〇〇年にシドニーに出場しました。九二年のときが大学三年で、そのころから自分のトレーニングを確立していったのです。

一九九一年、私が二十歳のときに、東京で世界選手権（世界陸上の東京大会）がありました。私はその時日本代表に選ばれたのですけれども、このときは四百メートルハードルの出場枠が三つあるうちの三番目でした。開催国日本選手団全体の枠が多く、参加標準記録を切り、日本で三位以内に入れば出場できるので、世界と戦えるといった感じではなく、ギリギリ選手になれたという感じでした。

あとの二人は、苅部俊二選手と、同じ年齢の斎藤嘉彦選手です。当時この二人には、私は大学のときに一回勝ったことがあるだけで、あとは全部負けていました。特に同年齢の斎藤嘉彦選手には、世界陸上の前年に開催された世界ジュニア選手権という二十歳以下の世界選手権で私は八位に入り、斎藤選手は二位でした。斎藤選手にどんどん水をあけられていたのです。

私が在籍していた順天堂大学の体育学部は、体育学部とはいっても実はコーチがいませんでした。先輩がメニューをつくり、そのメニューで我々後輩は練習をやっていたのです。けれども、先輩のメニューは全日本の大学のレベルで勝つためのメニューで、オリンピックのような世界を視野に入れたものではありませんでした。

そんな練習をやっていたころ、機会があって斎藤選手と一緒に練習をしたのですが、全然練習についていけないということがありました。私は練習のやり方が違うことを痛感し、自分なりの練習方法を考えたのですが、結局は練習量を増やしただけで、どうしても斎藤選手に勝つことができないままでした。

大学の二年ぐらいというのはいろいろ遊びたい時期でもあるし、私も週末は飲みに行ったり合コンに参加したりもしていました。でも、ちょうどこの世界選手権への出場が決まったとき、父の会社が倒産したのです。大学に在籍を続けるのが難しい状態になってみて、のほほんと大学生活を送ったり、世界選手権も行ったしという半端な気持ちでいるのではだめだと気づいて、選手としてどれだけやれるか、真剣に考えるようになりました。

大学に入ってから先輩の後について練習していたのですが、ようやく自分自身で練習計画を作成し、競技に関わることなら何でも取り入れようとする貪欲さを持つことができました。例えば、今まで聞いていなかったスポーツ科学に関する授業も積極的に聞くようになりました。大学の授業料を何とか親せきからお金を借りて在籍することができました。このお陰で大学生活を有意義に過ごすことができたと思います。

●最初のオリンピックとその後の不振

東京の世界選手権の翌年、一九九二年がバルセロナ・オリンピックの年です。

私は小学生のころからオリンピックに出場したいという夢を持っていて、文集に書いたりもしました。ただし、ちょうどモスクワ・オリンピックがあったころで、日本は他の西側諸国とともにボイコットしてしまいましたから、オリンピックをテレビで見る体験はなかったのです。オリンピックという言葉を知っていただけです。それでもとにかくオリンピックに行きたいという夢はずっと持っていました。

ですからバルセロナ大会に参加したときは、大学生でオリンピックに出場できたということだけで幸せいっぱいでした。オリンピックで勝負するんだという気持ちもうすく、実際予選で負けてしまったのですが、それでも楽しんで帰ってきました。そのころ斎藤選手が日本記録を何回も更新していたのにひきかえ、私はただオリンピックに出場したことで満足していたのです。

オリンピックの翌年は大学四年で、大学レベルの自分の力を最大限発揮すべき集大成の時期だったのですが、あいにく私は怪我でそれどころではありませんでした。このときに斎藤選手と苅部選手が四八秒という記録を出しました。これは世界で戦える、世界的な大会の決勝に残れるタイムです。そのレースでは私ははるか後方を走っていました。我々はよく四百メートルハードルを略して四パーと言います。斎藤、苅部、私の三人は四パートリオと言われていたのですが、このころから私が外れて、四パーコンビになってしまいました。私は注目もされず、九三年シュツットガルトで開催された世界選手権にも出場できずじまいでした。

●就職のむつかしさ

大学四年はまた就職活動の時期です。このころバブルが崩壊して就職は氷河期を迎えていました。日本の陸上競技はプロという形はなく、企業に属してそこの選手として競技を続けるやり方です。私も自分で探したり大学の先生にもお願いして就職活動をやりました。陸上競技では、長距離が主体の実業団が長距離の選手を採るのがほとんどです。学生時代にそこそこ活躍した程度の短距離選手は、企業に属して競技を続けるのは困難です。ましてや当時は不景気ですから、採用してくれる会社はありません。私は、長距離主体の企業も陸上をやっている以上他の陸上競技にも理解があるかもしれないと考えて、長距離選手が活動している企業にどんどんアタックしましたが、すべて断られてしまいました。

ある企業では社長面接まで行きましたが、そこで「君の種目はテレビに映るのはたかだか一分でしょう。マラソンは二時間映るんだよね。二時間映るのと君の一分じゃ、ちょっと比べものにならないんだよ」と言われました。それはそのとおりで、選手はやはり企業の宣伝の媒体として使われるわけですから、しようがないといえばしようがない。

オリンピック選手ともなれば社会的にも認められているし、どこかの企業が採ってくれるだろうという私の考えは安易でした。社長の言葉も正論にはちがいありません。けれども、自分としてはオリンピックに学生で出場したプライドも自信もあったのに、それを否定されてたいへんなショックでした。

このまま競技を続けられるだろうかと不安もつのりましたが、三月に卒業した後でようやく就職が決まりました。デサントというスポーツメーカーです。そこにもう無理やり押し込んでもらったのです。

今、順天堂大学は箱根駅伝などで強いのですが、箱根駅伝やマラソンなどでは選手が着ているメーカーのユニホームがずっとテレビに映ります。デサントは昔、アディダスブランドを取り扱っていました。これは後で監督の沢木先生に聞いた話なのですけれども、順天堂大学はずっと箱根駅伝のユニフォームはアシックスを使っていたのですが、デサントが自社に切り替えてほしいと申し出ていたところでした。それで、デサントに変えるからかわりに山崎を採るというようなことだったようです。いわば私は箱根駅伝のユニホームと取りかえっこされたわけです。

三月に無理やり入ったのですから、会社から歓迎されていたわけでもなく、初任給は少ないし、その少ない給料から自分で活動費を出さなければならない状態でした。

実業団では、大体午前中は働いて、午後を練習の時間に充てるのが一般的です。長距離は、もちろん仕事もしますが合宿が多いのです。豊富な予算があるので合宿や試合で国内だけでなく海外にもいろいろなところに行ける。コーチはもちろんマネージャーもいるし、トレーナーもいます。食事つきの社宅も用意されています。私たちから見れば、よだれが出るような恵まれた環境です。

デサントに入社したときの私の環境は、もちろんコーチを雇うお金はない、マネージャーなどもってのほかだし、ましてや社宅もありません。ただ、時間だけは提供しようという条件でした。私は最初入ったときは仕事をしていません。だから、お金はないけれども暇はありました。

私は何より中途半端になるのが嫌でした。会社に属して陸上部でという形で練習すると、みんなと一緒になって目標が低くなりそうな感じがしたので、私は離れて一人でトレーニングをすることにしたのです。

●タフな海外の選手たち

会社で仕事をしない以上選手として出す結果がすべてです。自分の競技の成績がそのまま会社の評価になるので、それ相当のプレッシャーは感じました。練習する時間には恵まれていましたから、練習はたくさんしました。ライバルの斎藤選手と苅部選手になんとしても勝ちたかったし、私は、ありあまる時間を利用して自分を鍛えるために日本を飛び出してみようと思いました。

そうは決心したものの、マネージャーもコーチもいないとなれば一人で行くしかない。ホテルをとるにも自分でやるしかないわけです。英語の勉強はさぼっていましたから会話などできません。

もう当たって砕けろという気持ちで、一人で海外に行きました。試合の申し込みさえどうやっていいのかわからないありさまですからずいぶん右往左往したものです。

そこで学んだことは、日本で自分は恵まれていないと思っていたのがいかに世界を知らない、贅沢な悩みだったかということでした。それまで私は自分は日本では不遇だ、自腹で海外へ行かなければならない、もうご飯も食べられない、と思っていたわけです。ところが海外の選手を見たら、その厳しさは日本の比ではありませんでした。

シーズン中は、ヨーロッパでは賞金レースが行われます。出場選手には出場料が出るし、記録がよかったらその上にボーナスが出るのです。今、選手に格差がついています。トップ選手はどんどんお金を稼ぐ一方、それ以下の選手は非常に厳しい状態です。出場料にしても、ピンからキリまでさまざまです。

例えばアメリカの選手は、シーズン中はヨーロッパで試合に出てお金を稼ぎ、シーズンオフは本国に帰ってアルバイトをしてお金を貯え、また海外に出るという生活をしています。オリンピック級の選手でもそういう厳しい状態でした。スポンサーがついていない選手は自分の出場料とアルバイトのお金でやりくりしている。そういう姿を目の当たりにして、自分は毎月給料がもらえるだけでも充分恵まれていると思いました。

そういう中で、私は極力お金を使わないでやってみようと考えました。試合に行くと、その間三日間ぐらいは宿泊場所を提供されて食事も出ます。つまり三日おきに試合を入れて行けば、飛行機代はかかってしまうものの、宿泊費と食事は浮くわけです。

日本の陸上界の常識では一週間か二週間に一回試合するのが普通ですが、私は三日に一回のペースで試合に出場しました。実状はもう試合どころではありません。行って、試合に出て走って、もう次に移動する、それの繰り返しです。私の今の記録は四八秒二六ですが、あの当時の平均タイムは五〇秒でした。二秒遅いというのはもうとんでもなく遅い、相手にならないぐらい遅いペースです。

でもそんな中でも学べるものはありました。海外の選手も年間三十試合から四十試合に出ますが、シーズンは三カ月から四カ月ですから、やはり四日から五日に一度ぐらいのペースで試合に出る計算になります。私は彼らと一緒のことをしたわけです。記録は全然出なかったものの、日本人選手ではそんなことをしたのは自分だけだというのが強い自信になりました。私なりに高いモチベーションを持ち続けることができたのです。

ライバルを追い越したい一心から私が海外を転戦していた九四年に、当のライバルの斎藤選手はグランプリに出場しました。グランプリというのは自動車レースのF1のようなもので、世界各国で十数試合行い、毎回の順位をポイント換算し争っていく試合です。日本でも大阪グランプリというのがあります。ある日ヨーロッパでテレビをつけてみたら、その最高格付けのイギリスのグランプリで斎藤選手が走っていました。

四百メートルハードルの場合レーンが八レーンしかないので、グランプリでは世界のトップの八人しか走れません。文字通り上から八人のトップではないにしても、とにかくそういうハイレベルの大会に斎藤選手は出ていました。僕はと言うと、草レースに三日おきに出て、ご飯が食べられると喜んでいた。テレビを見たときには、ああ、斎藤はもうこんな試合に出てるんだと打ちのめされる思いでした。また、この年のアジア大会では斎藤選手と苅部選手がワン、ツーフィニッシュをし、そのアジア大会に私は選考会で漏れましたから、差をつけられたような気がしました。

●ライバルに勝つ

それでも私はそのころからエネルギーを貯えて、斎藤選手と苅部選手には一回も勝っていないにもかかわらず、日本でやる大会だったら絶対負けないという大きな自信がついてきました。そして九五年の世界選手権イエテボリ大会に出場しました。オリンピックと世界選手権ではオリンピックが上なのですが、実際には世界選手権はオリンピックとほぼ同じメンバーが走ります。強豪がそろった中で、決勝に残るだろうと言われていた斎藤選手と苅部選手が落選し、私が七位に入ることができたのです。

あのころ、私は厳しい環境の中で海外の選手をよく見て、へたな英語でなんとか会話をしたり、一流選手ともうまくしゃべれなくともあいさつをしたり、とにかく相手に覚えられるようにして度胸をつけていました。そんな努力が実を結んで、大きな大会でも物おじすることなく力を出せたのでしょう。

その当時私はもう日本の陸上界から忘れ去られそうになっていましたが、これで急に注目されるようになり、百メートルなどに比べてマイナーな種目だった四百メートルハードルが、一気に脚光を浴びました。

私のレースのスタイルは前半にどんどん飛ばして最後につぶれるというものでした。一方斎藤選手は、最初押さえて、後半さっと抜いていくという、何か気持ちいいレースをしていました。私はいつも抜かれていたわけです。それで大学関係者や、陸連など周囲の人々に、斎藤のようなレースをしろとよく言われました。彼らは、何で前半にあんなに飛ばすんだと訝るのです。でも、私は世界を少しばかり見て、私なりの考えがありました。海外の選手はとにかく前半にハイペースで飛ばしていく。その中で一緒に飛ばしていかないと絶対に勝てないのです。自分の経験にもとづいたスタイルですから、何を言われても崩すつもりはありませんでした。それで前半飛ばして後半死ぬレースが続いていたわけです。

スポーツの世界では常にトップの選手のやり方が正しいとされます。他の選手はトップと同じスタイルでやれと言われるのですが、私は我慢してやってきた。そして私が一番になると、「山崎は飛ばしすぎですね」と言っていた人が、ペースは以前と変わっていないにもかかわらず、「いいペースで飛ばしていますね」と、急に言うことが変わりました。私はしてやったりという気分でしたが、スポーツの世界にかぎりませんが、正論はないんじゃないか、正しい答えは一つではない、正解はいろいろなところにあるのではないかと考えるようになりました。

●アトランタの失敗

九六年のアトランタ・オリンピックでは予選落ちしてしまいました。アトランタの前には世界ランキングで六位ぐらいでしたから、決勝に残ってそれ相当の成績を出すだろうと、陸上界の中ではずいぶん期待されていたのです。

ただ、私なりに前年の世界選手権のレースに対する反省がありました。世界選手権では予選、準決勝、決勝があります。私は全力で行かないと残れないと思っていましたから、予選からどんどん飛ばしました。それで予選の記録が一番よくて、準決勝の記録が少し悪くて、決勝の記録が一番悪かったのです。決勝では七位でしたが、記録は下がった。決勝に残ったということで満足してしまって、自分の力を決勝で出せなかったのです。

そこでアトランタでは、上向きに記録をよくしていこうと決めて臨みました。世界ランクでは六位でしたし、国際グランプリでも五位から六位をほぼキープしていたので、そこそこにいくのではないかと自分でも思っていました。

ところがふたを開けてみると、アトランタの予選で、ラストの直線百メートルのところで二人の選手に抜かれてしまいました。予選では二着どりといって、一つの組の中で二着に入らないと次の準決勝に進めないのですが、私は三着になってしまいました。

その抜かれ方があまりにもあっけなかったので、インタビューで記者に「流したんでしょう」とか「気合が入ってなかったんでしょう」と聞かれました。事実負けたわけですから言い訳もしたくないし、慢心だったかもしれないという思いもあったので否定もしなかったら、それをそのまま記事に書かれてしまい、悔しい思いをしました。

決勝まで行くことを見越して、予選は少し余裕を持ってペース配分を考えたというのが事実です。全力を出し切って完全燃焼したわけではなかったので、予選で落ちるという結果には納得がいかないところもありました。何か煮え切らない思いのまま、頭と体が分離するような、言葉にあらわせない、もう頭が飛んでしまいそうな感じになってしまって、アトランタを後にしました。そのときに、混乱していたせいか「オリンピックの借りはオリンピックで返す」というような格好いいことを言ってしまいました。

本心では、もしいい成績が出せたら九六年でやめようと考えていたのです。この辺が潮どきかなと思っていました。にもかかわらず、四年後に借りを返すと言ってしまったわけです。私は少しずつステップアップしてライバルにも勝てたし、練習も人一倍やった自信はありましたが、その道のりは苦しいものでもありました。あと四年間もこんな苦しいことを続けるのかと思うと、後込みするところがありました。

●スランプ脱出までの長い道のり

そして改めて四年後を目指すことになりました。九六年のオリンピックを一区切りとして、私は自分のトレーニング方法が頭打ちになったのを感じました。それまではコーチなしでやってきたわけですが、この際コーチ学をきちんと勉強しようと思って、社会人枠があった筑波大学の大学院に入りました。

大学院で勉強しながら、九七年の世界選手権アテネ大会では、オリンピックの借りは返せませんが、それぐらいの成績を出す意気込みで臨みました。

それまではオリンピックにしても世界選手権にしても、自分でやってきたことを成績にして残したいとか、こんな成績が出せたらいいとか、自分自身にとても期待していました。ところがこの世界選手権では、自分に期待をするというよりも、しなければならないという気持ち、期待されているんだから頑張らなければいけない、そのために練習しなければいけないという気持ちが高じて、いつのまにか純粋に自分にわくわくすることがなくなっていたのです。

私はこの年はアキレス腱を痛めていて、世界選手権の三週間ほど前から走れない状態が続きました。とにかく走れるだけ走ってみようという気持ちでレースに出て、準決勝までは行ったのですが、そこで左足のアキレス腱の部分断裂を起こして途中棄権することになりました。

怪我をするにもいろいろあるでしょうが、例えば体育の嫌いな子どもが、体育の授業がある日の朝、急に頭が痛くなったり熱が出たりするという話はよく聞くし、心理学でも説明されています。私もあのころはもう嫌で嫌でしょうがない、どうしても試合に出たくないし、緊張することもないことが多かったのです。そうした気持ちからアキレス腱を痛めたといえるのではないでしょうか。

というのは、アキレス腱を痛めて途中棄権したのが私は全然悔しくなかったのです。むしろ、試合という公の場で怪我をしたのだから、これで休めると思いました。そうやって自分を肯定し、立派な口実があることをたてに三カ月練習しませんでした。

その間はリハビリを重ねました。リハビリ中は足は痛いのですがまあ歩けるし、ジョギングもできるという、競技者の感覚ではまったく低レベルのところを推移したのですが、そういった些細なことに私は満足できたのです。復活していい記録を出すとかオリンピックに出場するというはやるような焦るような気持ちはなく、一歩一歩進むだけでとにかくうれしかったのです。よく「怪我をしてつらいでしょう」と言われましたが、あのときは休んでいたほうが楽だと感じていました。

当時私は日本記録を持っていたのですが、怪我で試合に出られない間に苅部選手に破られてしまいました。そこではっと気づけばいいのですが、なかなか気づけないものです。私は足も痛いし試合には出られない状態なのだから、記録を破られてもしようがないと、達観したような気持ちになっていました。そして自分だけで、怪我をして記録も破られて今は何もないのだから、四年後にはオリンピックでいい結果を出せる、という夢のようなストーリーを想像し、甘い夢に浸っていました。記録を破られて悔しいという気持ちにはなりませんでした。

悔しいと思ったのは、それから一年後の一九九八年でした。オリンピックの二年前だったのですが、実際に走ってみると自分の体が動かないのです。試合に出ても体が重かったり、足が全然ついてこない。以前の自分のいい感覚を求めて練習していても、そうした感覚に到底戻ることができないのです。試合での記録も悪いわけです。

アキレス腱の故障は、ハードルでは致命傷に近い。踏み切ったり着地したりするときは強い衝撃がかかるのでどうしても逃げてしまいます。痛くないほうの足で着地してしまうとか、走るときは重心が前にいっていないとだめなのにその重心が後ろにいくとか、無意識のうちに逃げてしまうのです。

逃げて試合に臨んだ自分の姿は見たくありません。それまでは自分のレースはビデオに録画して、あとでそれを見て反省をしていましたが、もうビデオも見たくないし、ハードルごとのラップタイムも見たくない。

そんなありさまですから成績があがるはずもありません。この年にはアジア選手権がありました。アジア大会は、世界選手権やオリンピックに出る選手ならたやすく出られる大会のはずなのですが、私はアジア大会には出たことがないのです。アジア大会は四年ごとに開かれますが、前回は海外で転戦中で記録が出ませんでしたし、今度のバンコク大会はいわばスランプのために選考会で漏れてしまいました。出場権のある上位二位に入れなかったのは、私にとっては最悪の成績でした。私は悔しいときは泣きたくない、うれしいときに泣きたいという持論があったのですが、このときは記録が出ないからではなくて、自分の体が自分の思うように表現できないのが悔しくて、涙が出ました。

それでようやく、逃げるのをやめて嫌でもビデオを見て、自分のどこが悪いかを徹底的に検討しようというある種の覚悟ができたのです。

私は自分の抱えている問題は自分一人では解決できないと思い、人に会うことにしました。ちょうどそのころ、巨人の桑田選手が肘を壊してリハビリを続け、手術もして、復帰できないかもしれないと言われるなかで何とか立ち直って試合に出たのです。私にはちょっと暗い感じのところがあるのですけれども、そういう性格も桑田選手と似ているような気がして共感を覚え、話を聞いてみようと思いました。

話してみると桑田選手は競技に対してストイックで、食事管理のことも考えているし、トレーニングに関しても、野球選手でありながらアスリートに近いものを私は感じました。一緒にお酒を飲みながらの話でしたが、彼の持っている空気に共感を覚えました。彼のリハビリの苦労もわかり、自分にはプラスになりました。

九九年は最後の賭の年でした。この年も怪我をして、走れない年が二年も続き、ここで復活できないとオリンピックの可能性もなく引退も考えられるので、とにかく復活するしかない瀬戸際だったのです。

●大学院で学んだこと

大学院もこの年に卒業しました。私は大学院に行く前もさまざまな論文を読んではいました。研究論文はいかに成果があったかが書いてあるものですが、以前はいいところばかりを読んでいたことがよくわかりました。トレーニング理論に関しても、ある選手がいい記録を出すと、論文やマスコミ、雑誌でその選手の練習の長所や成果だけが取り上げられ、みんながそれを真似するのが日本の風潮です。いいところももちろん大切ですが、欠点や失敗もあるし、悪いところにも重要なヒントが隠されているものです。そうしたことを、私は大学院で学ぶことができました。

高橋尚子選手がやって成果を上げた高地トレーニングを例に挙げましょう。長距離では高地トレーニングが盛んですが、短距離では高地トレーニングは原則的に行いません。高地トレーニングは簡単に言えば心肺機能を高めるのであり、短距離選手は筋力を鍛えることが重要で、心肺機能を高めてもそれほど利点がないのです。

四百メートルも無酸素運動で、四百メートル四十何秒を無酸素、つまり呼吸をしないでいくと言われていますが、実は有酸素的な能力も使われるのです。大学院で学んでみてそれがよくわかり、練習のヒントを得たのです。

四百メートルでは有酸素的な能力も高めながらスピードを上げていくことが重要なのではないだろうか。高地は気圧が低いから体が軽く感じられ、スピードが出やすくなるメリットがあります。肺はきついがスピードは出るという高地トレーニングの利点を利用しない手はありません。とりわけ私は怪我をしていましたから、心肺機能に負荷をかけたいけれども足には負担をかけたくないという事情もありました。高地トレーニングを取り入れることで、練習量をずいぶん減らすことができたのです。

一方低地トレーニングでは暖かいところで練習したりして、高地では補えないことをやるという、コンビネーションを編み出しました。

そのような工夫が功を奏して、九九年の大阪グランプリで再度日本記録を塗り替えることができました。持っていた日本記録を破られると、もう一度破り返すのは困難です。私も難しいのではないかと言われていましたが、また取り返したわけです。その実績と、世界選手権セビリア大会で準決勝まで行ったことで、早々と翌年のシドニー・オリンピックの代表選手に内定されました。

オリンピックではメダルか、少なくとも決勝に残ることが期待されました。その期待に応えるために、トレーニングでは安全確実な方法よりも、とにかく思い切ったことをやろうと思いました。オリンピックの前年の秋に内定をもらったわけですから、約一年間あせらず思い切ったトレーニングができます。そこで冬季の二月から四月中旬のシーズンインまでの約二カ月半米国に渡り、九九年に高地トレーニングを行った時よりも長期間行い、質もグンとアップさせました。

しかしオーバートレーニングだったのか、春先から肉離れを何回も起こしました。シドニーでは予選落ちして、満足のいく結果にはなりませんでした。

私は三回もオリンピックに出場するチャンスをもらったのですが、いい思い出がないままに終わってしまったのです。

●競技生活で得たもの

短距離界では日本は世界と距離があります。特に四百メートルハードルは、身長が高くなければできないと言われていました。私の身長は全国平均の一七四センチなのですが、海外の選手は一九〇センチぐらいあります。その中で戦っていかなければいけなかったわけです。

身長のせいにするわけではありませんが、海外の選手で私みたいに小さい選手はいないので、まだ私の名前が知られていないころは自分のタイムを告げると、「それは四百メートルただ走っただけの記録だろう」とよく言われました。アジア人は遅いという固定観念から軽く見られ、その後の試合で私のほうが先行するとひどく驚いた顔をされることもありました。そういうときには私も痛快でした。

最初は英語もしゃべれなくて苦労しましたが、今は海外の選手と一緒に練習したり、試合に一緒に行ったりします。そうやって互いに認め合いながら練習を積んだりできたことが、私には大きな財産になりました。

高橋尚子選手と小出監督のような師弟関係はありませんでしたが、ほとんど一人でやってきていろいろな知識を得ることができました。

競技生活を続けるなかで学んだのは、逆境をバネにする心のエネルギーが一番大切だということです。私はアトランタ・オリンピックの四年ほど前は、反骨心というか、例えば就職活動をしていた私に短距離選手はいらないと言った社長を見返してやろうといった気持ちで戦って、そこそこの成績を出せました。

その後も私が失敗すると注目してくれていた人が去ったり、応援してくれる人が減ったりするという経験をしました。オリンピックのときだけマスコミに注目されて、私は自分が四年ごとに注目されるセミみたいな気持ちがしていました。ずっと土の中にいるときも生活しているのにそのときは見向きもされず、オリンピックのときだけ脚光を浴びたのは、私には苦い思い出です。

逆にそれがよかったところもありました。

私がだめだったときも見ていてずっと応援してくれた友人たちや、マスコミの中にも真に応援してくれる人もいました。自分一人で走っている訳ではなく、応援してくれる人たちのありがたさがよくわかるようになりました。アトランタ・オリンピックの後は、そういった人たちのために走るのだと、心から思うことができるようになりました。

客観的な自己分析をすることも学びました。コーチなしで自分一人でトレーニングをしていると、どうしても次第に麻痺していくのです。通常のトレーニングをしていていつのまにかずれていった場合に、事態を客観的に見られません。私は大学院に行ったことで客観的な知識も得られたし、自分を見つめ直すことができました。ただ、コーチがいないと自分自身で気づくまで何もしません。もしだれかにアドバイスされていれば、もっと早く立ち直ったりとか、ヒントを得られたりしたのではないかという心残りはあります。

コーチにしても、またここでは話題にしませんでしたがマネージャーにしても、これからの選手たちには欠かせない存在になっていくでしょう。日本の選手があと一歩というところで世界と互角に戦えないのは、一つにはコーチやマネージャーの不在のせいではないでしょうか。私は最後までパーソナルコーチを持たずに選手生活を送ってしまいましたが、陸上選手の中には同じ様な境遇の選手がたくさんいます。

私の場合、三度のオリンピックのうち、アトランタ、シドニーは、メダル、入賞のチャンスがありました。そうしたときに選手の要求がコーチの考えよりも高くなった場合、または、選手が成熟するにつれて、選手とコーチはぶつかり合います。しかし、日本の場合、コーチの立場が常に上にあるような主従関係がほとんどです。選手がコーチに意見した時、選手の人間性を疑われますし、新しいコーチを求めるということは困難です。

そのような関係を極端に嫌った私は、自由な発想で記録を伸ばすことができたと思います。

しかしオリンピックのように精神的にも余裕がない極限状態に陥りやすい場合、戦術や戦略において自分では判断できない選択肢が生まれてきます。それらを冷静に判断して方向性を示してくれたり、選手が感じるプレッシャーを知らぬ間にとりのぞいてくれるコーチがいれば、大事な時、すなわちオリンピックの舞台で底力を出すことができたのでは、と考えています。

私は、競技はあと何年続けられるかわかりませんが、その後はそのようなあと一歩で、という選手たちの手助けをできればと思っています。

物語を創ること、捨てること

赤坂真理

赤坂真理（あかさか　まり）

一九六四（昭和三十九）年、東京に生まれる。雑誌編集、フリーライターを経て作家となる。「ミューズ」で野間文芸新人賞を受賞。九九年に「ヴァイブレータ」が芥川賞候補となり注目を集める。他に「ヴァニーユ」「コーリング」などの作品がある。

●「普通」の「多数」の「中流」の苦しさ

けっこう長い間、書いてきた気がするけどなんだかずっと、居場所がなかった。私個人に、ベタで分かりやすいウリってのがないからだと思っていた。そのことで黙殺されやすいとも感じていた。本当。なんなら例を挙げてみてもいい。透明な存在、って自分のことを言った有名な少年がいたけどその通り。でもこれって日本の「普通」の中産階級の息苦しさそのものじゃん？　じゃあ私はこの国の中産階級の闇を、誰も書かなかったようなやり方で書いてやるぜ！　なんて決意したりもし、そんなことに自覚的になったのはこの『ミューズ』を書いてからだけど、よく考えてみたら『ミューズ』は中産階級のことではなかった。中産階級の、少し下の話だ。少し下なだけなのに、絶対超えられない感じ。「総中流幻想」があれば、比較劣位は、相対でなく絶対の段差だからだ。日本の階級感ってそう。だからみんな、いろんなものが欲しい。比較なのだから、その溝はモノで埋まるのですよとあらゆるメディアが言う、でも本当!?　それって比較の無間地獄にハマってくだけでしょう。TVをみても雑誌を見ても、あるのは物欲と、人との比較の無間地獄。

これは「ミューズ」という作品の帯のために書いた文を引用したんですけれども、ここで私は階級について書いてみたかったのです。階級について考えるようになったきっかけは、実はこの大学で感じた違和感でした。

「階級」という言葉はあまり使われなくなっていたらしいのですが、話題になった『不平等社会日本』の中で佐藤俊樹氏が使ってから、また注目されたみたいです。佐藤氏は私が「ミューズ」という作品の中で女子高生に無造作に「階級」と言わせているのを見て、ご自分でも使った、とインタヴューで言っているのを読んで嬉しく思いました。インテリの方はたぶんこういう、ズバッとした言葉を使うのを躊躇したのだと思うのですが、そんなことを考えなくていいんだってラクになられたのかもしれません。そういう作用を持てたのなら光栄です。

佐藤氏は、大学に入った地方出身者の肩身の狭さというようなことを書いています。私は東京都の高円寺出身ですが、慶應義塾大学に入ってはじめて、東京の中には階層が細かくあることを実感しました。それまで私は、東京に住んでいるくせに、私鉄で色分けができていることも知りませんでした。田園調布の住人というのは私にはいわば都市伝説であって、上の世代の住人はいても、自分の世代はいないだろうと何となく信じていました。

佐藤氏によると、慶應義塾大学は東京ローカルの大学です。私はそれを読んで、ああ、なるほどなと納得しました。もっと言えば慶應は城南ローカルの大学で、私は城西地区から来ていたからそのローカル色になじめなくて、居場所がないと感じたわけです。

中流は多数派だと言われています。でも私は「普通」の中流の一員でいることがほんとうはものすごく苦しかった。でもそれに気づいたのは、「階級」というキーワードでものを考え始めてからでした。

ティーンエージャーのときにいろいろあり、大学に来てもやはり居場所がないという感じから逃れられませんでした。でもずっと考えているばかりで、何かの行為に走ることはできなかった。例えば、何が苦しいのかわからないまま自傷行為を繰り返す人がいますが、私はそういうこともできず、ただ表面的に適応を重ねて、半端なものを積み重ねて生きてきて、わかってはいてもやっぱり何にもないというところに追い込まれていたわけです。

私が初めて長い小説を書いたのは「ヴァニーユ」という作品です。デビューは一九九五年なのですが、九七年に長い「ヴァニーユ」を書いたのが、私としては最初の感じがします。そのときに、「居場所がなかったことは幸せだ、どこへでも行けるから」というふうに書きました。そのときの私はそう確信していたわけではありません。自分には何もないと思っていたから、何もなかったことが幸せだという、一回逆転させた物語をつくるしかなかった。そうしないと生きていけなかったという何かせっぱつまった気持ちでした。

●居場所がなくても大丈夫だ

私は法学部の政治学科出身です。なぜ法学部に行ったのかという質問をときどき受けるのですが、私自身最近まで謎でした。

私は高校生までは美術系の学校に行って美術の教育を受けていました。でもデッサンなどは規格品として単純に優劣、順位を比較されるわけです。表現っていうのは人間の個人的テイストに密着した部分だから、教師たちの批評は自分の好みと自分の人生観になっていって、それから外れるものを個人攻撃みたいに糾弾していく。一方で、やってることは絵の巧拙の数値化で、でたらめな気がした。私は何で教師たちにそんな権利があるんだと思って腹が立った。そのムカツキが頂点に達したころに三年の冬を迎えてしまって、もうやめた、普通大学に進もうと思ったのです。

法学部がいちばん入試の採点の基準が特異でした。英語の得点が二倍だとか、そういった特異な採点があったのでやっと入れたという感じです。ただ、やはり社会のメカニズムとかを知りたいという気持ちがあったのかもしれません。

法学部が良かったかは別として、表現でなまじ教育を受けなくて良かったとは、後から思いました。そうしたら私は表現の道には進めなかっただろうと。友人に蜷川実花という写真家がいるのですが、いい写真を撮るし、えらいのびのびしていてフリーダムなやつで、コンプレックスがないというのはこういうことかと、彼女を見ると羨ましく思うのですが、彼女でさえ、絵は、自分は教育を受けたからダメだったと言っていました。

かつての私みたいに居場所がなくて悩んでいる人は多いでしょうが、私は大丈夫だとまず言いたいのです。逆に違和感を感じ続けることでささやかながら何かできるかも知れないというサンプルが私かもしれないし、ほんとうに嫌ならやめてもいいのです。

この辺から階級論になっていきます。

私が育ったころは学歴神話がありました。私も家庭と学校の軍産複合体みたいなところにいたのです。どこもかしこも同じ論理で動いていて、地獄の入れ子状態になっている。家には親がいて、親が士官のようなものでしょう。学校に行くと今度は下士官がいます。その軍曹みたいなのが権力をかさに着て威張っていて、その真似をしていじめをする子どももいます。みんな同じ論理で動いているのに、だれもほんとうの司令官を見たことがないわけです。中産階級の普通の子どもは、そういう構造の中で苦しんでいました。せいぜい見えて小隊長ぐらいまでで、提督はどこにもいない。軍曹だって提督を見たことがないし、作戦も知らないし、横だけ見てやっているという感じでした。

若い、二十代はじめぐらいの人と話していて感じるのは、今は私のころよりもっと厳しくなっているということです。塾には私は週に二回ぐらい行くだけでしたが、彼らは毎日、五時間ぐらい行っていたと言うのです。

今の「お受験」も、何でそこの学校に下から入れたいのかはわかっていないわけです。学歴神話は崩れているようで崩れてはいません。でもこれからは、新卒じゃなきゃだめだとか、留年や浪人をしていてはだめというのはなくなっていくでしょう。不景気だと会社は新人をトレーニングしている余裕はなく、すぐに使える人を求めます。就職氷河期になればなるほど、学歴社会の頂点のほうから（国立、有名私大、というように）採っていくという傾向がありましたが、ナンセンスのきわみでしょう。私はそれでメガトン級の馬鹿な人間に三人ぐらい会ったことがある。氷河期ほど、即戦力で使える人間をとるべきです。訓練している時間も無駄にする金もないのだから。超氷河期の始まりから数年経ったので、さいわい企業もそれはわかったでしょう。学歴神話はまさに神話にすぎず、人間の価値はむろん、能力とも関係ないことが。

●必要なのは言葉の技術

マジョリティーから外れても大丈夫ですが、ひとつだけポイントがあります。それは技術を身につけることです。何か技術を持っていると自由になりやすいのです。この社会で完全な自由はないと私は思いますが、ない以上、どこかで社会の仕組みを利用して稼げることをやっていかなくてはならないのです。

そのために必要なのが言葉の技術です。今、盛んにＩＴ革命と言われていますが、ＩＴが何かを代行してくれるわけではありません。インフラが整う分、コミュニケーションの能力がよけいに問われるのです。

そこで階級化の問題が出てきます。階級ができるというのは、インフラが整うと能力の差があからさまになるということです。今まではこれさえあれば勝てると思われていた幻想や神話がありました。いい学校に行っていれば大丈夫とか、いい会社に入れば大丈夫とか、また土地さえあればなんとかなるとかいうものです。そういうものは無効になっていく。常に勝てるカードはなくなっていくのです。

そうやって競争が増えると、負けることも多くなります。何かで負けると、それまでの人生を否定された気持ちになりますから、物語をもう一度つくり直して、もう一回自分を立て直さなくてはなりません。人間はそういうふうにしか生きていけないものです。必要なのは物語をつくる技術で、これを持っていないと人は危なくなるのです。

物語がないということと、物語が過剰である、物語依存であるということは対極をなします。これはじつは根は同じで、どちらも危険です。物語がないと自分を支えられないし、逆に、物語が過剰になって縛られても自分を壊すことになります。

●浜崎あゆみと華原朋美

物語のサンプルとして歌謡曲を取り上げましょう。ベースは浜崎あゆみと華原朋美です。華原朋美は物語の空白と過剰という二つの極を生きて滅んでいく人であり、その対極にいるのが浜崎あゆみです。二人とも言っていることはほんとうは似ています。似ているのに、差があるのはなぜなのでしょうか。

私は浜崎あゆみの「A Song for XX」を聞いて、浜崎あゆみみたいな子が「居場所がなかった」と言うのがリアルで泣きそうになりました。この人はコギャルの教祖みたいに言われていますが、ある年齢層の女の子たちがみんな同じような格好をして群れていても、ほんとうは居場所のない感じを持っているのではないか。

私の十歳以上年下の友達に雨宮処凛というのがいます。自殺未遂常習からビジュアル系の追っかけ、さらにさまざまな変遷を経て、右翼団体に入り「ミニスカ右翼」としてマスコミに知られ、いま右翼にも疑問を持っているという女の子です。その雨宮さんが、昔ビジュアル系のバンドの追っかけをやっていたとき、「同じ格好をすれば仲間にはなれるし、同じ風景の一部になれたんだけど、それでも居場所はなかった」と話していたのを思い出しました。彼女は物語がない日常に物語を求めていったわけですが、同時に、物語をどんどん捨てる人でもある。この、物語を捨てることの重要性は、あとで述べます。

コギャルは理解不能だと言う人は多いし、別に現象を無理に理解する必要もないのですが、彼女たちもまた、ごくベーシックな人間の問題を抱えているのです。実は回帰しているような部分もある。でなければ浜崎あゆみに行かないだろうし。

浜崎あゆみをよく聞くと、このストーリーはどこかで聞いたことがあるという気がしてきました。これはじつは昔から繰り返し使われるストーリーで、洗練されているかどうかとか、言葉の選び方や運び方がいいかどうかで、心に響いたり響かなかったり、残ったり残らなかったりするのではないか。

物語の型には、それほど種類はないのでしょう。極言すればギリシャ神話でやり尽くしたものかもしれません。以来何度も繰り返されていると考えれば、これは陳腐ではないかという思い込みから自由になれます。

基本的に陳腐でないものなどなくて、表現の技術の問題なのです。

聴いていて、浜崎あゆみのストーリーと似ているのは華原朋美だと気がつきました。この発見は意外でした。自分を発見してくれたプロデューサーと私生活でも恋人同士となり、またそのことを積極的に公開して「すべてを手に入れたシンデレラ」のイメージをつくりながら、プロデューサーとの恋人関係が壊れると、きわめて自殺未遂に近いような事故を起こすような自我のあやうさを見せた華原朋美と、浜崎あゆみは似ていないと思ったからです。両者のちがいは、物語を紡ぐ主体が自分であるか否かと、一度つくられた物語との距離のとり方、なのではないかと思います。

華原朋美の代表曲「I'm proud」も、浜崎あゆみの初期代表曲「Trust」も、孤立無援だったときに自分を認めてくれるひとに出会い、自分が認められることで自分自身を肯定できるようになり、自分に誇りを持てるようになった、という歌です。

ただしこの二人には決定的な違いがあります。それはその言葉を書いているのが他人なのか自分なのかという違いです。他人が書いたストーリーを歌っているときに、その他人との関係が壊れると困ったことになる、というのが華原朋美に起こったことでしょう。

居場所がなかったり孤立無援でいるときに自分を認めてくれる人に強い感情を持ち、その人が世界になってしまうのは全然悪いことではないし、自然なことです。

人の感情はもともと、これが恋愛でこれがただの親愛の情だというふうにはっきり分かれているものではありません。恋愛が別格に扱われるのは家族の再生産にかかわるからです。あれは少し違う話になるのでここでは扱いません。

感情というのは本来そんなに別々のものではなくて、何もないところで自分を認めてくれた人は全身全霊で好きになるでしょう。ここが物語の空白が埋まるポイントで、すべてのはじまりです。

●一方的な物語

一人の人間が自分にとっての全世界になってしまう可能性を、出会った相手の人間が書いていく。華原朋美の場合はそれが小室哲哉で、彼がどんどん書いていきます。でも同じことばかり書くのです。二人の関係はだんだん変わっていくにもかかわらず、同じことをずっと言いつづけて、それで華原朋美は疲弊していったのでしょう。

浜崎あゆみの場合も同じ物語があって、何が、いつ、どう起きたというのはあまり変わりません。でも、小室哲哉が一方からしか見ていないのに対して、浜崎あゆみはいろいろな視点から見ている感じがします。一方でこういう見方ができるんだけど、こういう見方もほんとうはできるよねとか、こうもできるよねという感じがあって、それは健康なことでしょう。

君にとって僕が必要なんだと思ったワケじゃない
僕にとって君が必要だと思ったからそばにいる
それだけ　ただそれだけの事さ

これは浜崎あゆみの「from your letter」という曲の一節ですが、ある出会いを、男の側から見た場合です。出会いというのは、こちらの側からも語れるけれども、あちらの側からも当然語れるわけで、一人のものではありません。

小室哲哉は、「華原朋美は一方的に小室哲哉を必要としていて、彼に会ってすべてが変わった」という大意のことを延々と書いています。しかし小室哲哉もまた華原朋美と会って得をしました。それは金銭的な意味でもあるし、発見とかわくわくする感じというのもあって、双方にダイナミズムがあったはずです。しかし小室哲也は自分との出会いで変わった相手に、同じ自分の視点から、同じ時ばかり切りとって、相手の一人称で同じように言わせつづけるのです。

●女性と男性のプロセス・ストーリー

こういう一連の曲を私は「プロセス・ストーリー」と名づけました。

人間のプロセス・ストーリーの中でいちばんエネルギー値が高いのは、夢と愛が一緒にある状態です。ここで自分を賭けてみようという人生の岐路において愛があるという状態がいちばん強い。そこでこのプロセス・ストーリーの領域においては女性アーティストが強い。

女性は、アーティストに限らずプロデューサー・タイプの男に恋をしてしまう場合がめずらしくありません。自分の能力を認めてくれ引き出してくれる上司に恋愛感情を持つといったことも含めて、本当に広く見られます。さっきも述べたように、自分を認めてくれた人というのは、好きにならないほうがおかしいくらいだからです。だからプロセス・ストーリーは、女の子の歌の方が圧倒的にダイナミズムがあるのです。

それはプロデューサー・タイプの人間に男性が多いという前提があるでしょう。これは労働人口のことだけではなくて、プロデューサー的な仕事は男性により向いたことである気がします。

一方、女性に向いているのは、いろいろなものに自分を仮託することです。女性はよく自分のことを「僕」と歌うことがありますが、男性が「私」と歌うと演歌っぽいかオカマっぽいかでちょっとヤバい感じ。男性のほうが表現が属性に固定されやすいのです。

男性は、職業上、ここが人生の大勝負というときに出会う人は同性の場合がほとんどです。だから、恋愛のダイナミズムは少ない。男性のプロセス・ストーリーはというと、夢か愛かという二者選択の苦悩や、夢のために捨てた愛、となることが多いのです。これは後でGLAYの歌で説明しましょう。

●物語に依存する怖さ

華原朋美に戻ります。

華原朋美と小室哲哉の二人の別れは、いわばユニット解散で、解散によってどちらも得をしていない。

華原朋美はその後のアルバムでだんだん薄ら寒いような曲を書いていきます。

彼女はオルモックというレコード会社に所属していて、途中からワーナーパイオニアに移ります。オルモックは綴るとorumok、komuroのひっくり返しです。小室哲哉というのは自分が大好きで、オルモックで、自分のことを語りたくてしようがなくて、だれをプロデュースしようが結局てめー語りしか頭にない。

彼女がワーナーパイオニアから出したのが「Nine cubes」というアルバムで、その中ではじめて、全曲作詞をしました。それがひどい物語の集積で、私は聞いていて具合が悪くなったほどです。その中のひとつの歌の中に「今度は間違った夢じゃなくて、終わらない夢を見たい。あなたと始まっていく夢」というところがあります。一度別れてもまた同じことをやろうとしている。「間違った夢じゃなくて、終わらない夢」と、夢のみかた（技術）ではなく、あくまで、夢の内容が悪かったんだと言う。でも新しい夢というのが、同じ内容の夢。「他人に人生を委託してしあわせになる」というストーリー。それが「あなた」と始まる。「あなた」は何度も取り換え可能で何度もリセットする。

小室哲哉に出会ったときにも、名前を変えて、芸風を変えて、ぜんぶリセットをかけたはずなんだけど。

次に「I wanna go」。これは過渡期の、二人の関係が壊れ始めているころの歌ですが、小室の詞です。中に「あなたの行くところ、どこでも行きたい。私はあなたの行くところならいい」とあります。恋愛も含めて壊れようとしているときにこんな詞を意に反して歌わされたら、たまったものではないでしょう。

華原朋美に書く曲がこうしてサディスティックになっていく一方で、小室哲哉は Ring という台湾の十三歳の女の子もプロデュースしているのですが、その「process」という曲の歌詞がまた華原朋美の初期のものと全く同質なのです。

私が怖いと思うのは、「表現してみたい／育ってくプロセス／記憶に残したい／あなたに残したい」というフレーズを「あなた」＝小室哲哉が書いていることです。関係が悪くなった華原朋美にはひどい曲を書いて、新しい子を見つけると、またやることが一緒なのです。

そして関係がだめになっていくころの華原朋美には怖い歌がいっぱいある。いよいよ壊れた彼女は怖い詞を書き曲調は昔の歌謡曲みたいになります。

今お聴かせしたアルバム「be honest」を聞いたとき、やっぱりすごく怖かったんだけど。華原朋美の痛ましさは、物語の空白から出会いを経て、物語依存になって、そこにずっとつかまっていることです。

それが浜崎あゆみになると、確かに彼女にも出会いがあってそれはひとつの強い物語なのですが、依存しなくても生きていける感じがします。浜崎あゆみはプロデューサーから離れても大丈夫でしょう。

浜崎あゆみには、はかないけれど強いという印象があります。それは、彼女の物語に対する見方からきているのではないでしょうか。いろいろなところから見られるということは、変わっていけるということ、言い換えると物語の拘束から自由であるということです。

●SMといういびつな関係

繰り返しになりますが、物語の空白もつらいけれど、過剰に物語に縛られているのもほんとうにつらいのです。それは例えば、カルトから抜けられないとか、ひどい男でも一度運命の男だと思ってしまうと離れられないとか、身近なところにいくらでもあることです。

物語を相対化することができないと、関係はSMになる可能性があります。私は昔、SMを扱う雑誌の仕事をしていたことがあるのですが、SMの人は潔いし頭もいいのです。SMは、変態性欲とは違います。SMは人間関係の根底にある力関係を高度に意識化したものです。でもこのごろ、SMを志向する者と、ふだんの生活でSMを無自覚にやる人は区別したほうがいいと思っています。怖いのは圧倒的に後者です。

叶姉妹というユニットには、無自覚なSMの匂いがします。なにかのデフォルメ、あるいは一種のギャグとしてみないとちょっとツライ。

サルサ！　でもやめないで　ジーワジーワ
（コーラス）夏が終わるぞ　急いで！
秋が来るまで　待てない？

この「サルサ！　アマイエクスタシー」を聞いたときも私は気持ちが悪くなりました。恭子がこんな詞を書くのは、ひいき目に見て美香の足を引っ張るためかい？　って感じ。「夏が終わるぞ　急いで」の男のコーラスといい、絶対ゲイのショーパブで真似をされていると思う。だいたいなんで、プロが書かずに恭子が曲を書く必要があったのでしょう？

華原朋美と小室哲哉は、はじめからSM的関係で、壊れていくにつれそれが第三者の目にも顕在化しました。支配と従属という階級ができ、はっきり固定されていく。その決め手になるのは富でも権力でもありません。小室哲哉がプロデューサーだからでもないし、叶恭子が叶美香をスカウトしたからでもない。それは言葉があるかないかなのです。自分の言葉の中に他人を取り込んで、それをやらせようとすると、決まってしまうとSMになるのです。

そういうふうに無自覚にSMを人に見せてしまう人には、私は嫌悪を感じます。それを延々と見せる人は、物語が最初のヒエラルキーでがっちりと構築されてしまって、それをひっくり返す物語をつくらない、もしくはつくれないのです。

浜崎あゆみに戻ると、彼女はそういうことから自由な感じがします。彼女の人気は、そういうところにもひとつあるのではないでしょうか。

●**技術としての編集**

ところが、視点が単一でもいい歌もたまにあります。GLAYの歌は、ごくたまにグッときます。その他はパチもののB'zみたいなんだけど。

まずGLAYの構造を説明しましょう。曲には私が「ウーロン茶部分」と呼んでいるフレーズが多くあります。「ウーロン茶部分」とは、カラオケで歌うときに、盛り上がりがない単調なところに来ると、「ウーロン茶でも飲んで一休みして、サビが来たらまた歌おっかな〜」と思う部分のことです。

ＧＬＡＹにはちょっと古風すぎるところがあって、枕詞連発です。「HOWEVER」は結局のところ夢に燃える過去の時代に故郷の人妻と不倫してたのねって歌なわけですが、「出会うのが遅すぎた」とか「週末」というのは、もう、これを言ったら不倫という、不倫の枕詞なのです。

冒頭、プロローグがあってから単調な同じメロディが四回続きます。ちょっとウーロン茶だよね。

二回まで来ると、コード進行上、四回来るなというのがわかってしまうから、ちょっとウーロン茶飲んでていいという感じ。

だんだんだらだら盛り上がってくる。

ＧＬＡＹはプロセスが長いのです。

「今度戻ったら一緒に暮らそう　やっぱり2人がいいネ」。何だろう、この歌詞は？　と思うんだけど。

最大のサビ。このバッキングコーラスの厚さ！

「傷つけたあなたに　今告げよう　誰よりも　愛してると」

と、これがこの曲の最大のメッセージです。ここまで引っ張ってこれかい！　とは、仔細に聴けば、思うんですが。

単純に構造化してみましょう。

「傷つけたあなたに今告げよう、『誰よりも愛している』と」

本当に単純な構造です。主語は「私」か「僕」。「あなたに」が目的語。「告げよう」が動詞、

「告げよう」の伝達内容が「誰よりも　愛している」。

でもかったるい。こんな簡単なことなんだから、かったるいです。編集することもできます。

これだけのことを言うのに、徹底的にウーロン茶部分を排除して編集したらどうなるかという例が、ブルーハーツの「リンダリンダ」という曲です。これは「ウーロン茶徹底排除」の歌です。私は「A′抜き」とも呼んでいます。「A′抜き」はいろいろな文章を書く時にも効果的に使える方法で、中だるみを防いで最初に人の心を摑めるという効果があります。むろん個々のケースによりますが、ひとつの効果あるテクニックとして普遍性があります。

　ドブネズミみたいにうつくしくなりたい
　写真には写らない美しさがあるから

ここをAとすると、凡百の歌はサビに至るまでにもう一度Aを変奏します。すなわちA′。GLAYはミニマルに四回繰り返して、四回目ではじめてA′になるのですが、このブルーハーツの名曲では、

　リンダリンダリンダリンダ
　リンダリンダリンダリンダ

いきなりサビが来ます。それで――

もしも僕がいつか君と出会い話し合うなら
そんなときはどうか愛の意味を知ってください

ここがGLAYの「HOWEVER」におけるサビ内の「伝達内容」に当たります。リンダへ伝えること。次の部分もそうです。

愛じゃなくても恋じゃなくても君を離しはしない
決して負けない強い力を僕はひとつだけ持つ

言ってることはGLAYもブルーハーツもどちらも大体一緒。I love you という。だれもそんなに新しいことを言えるわけがない。でも、編集の仕方で、こうも違うものにできるのです。

技術として物語をどう言うかは自分で選択ができます。ポイントはいろいろなところから見ることです。それができないと、自分がそこから抜けにくくなると同時に、それを伝えられる人が限られてしまうでしょう。

もうひとつ、何かを言うのに、言う内容に合った言い方を探すこと。それで印象や伝わる度合いは全然違います。それを探すことや、試行錯誤することを、心がけてみてください。IT革命なんてことはどうでもいいのですが、そういうスキルなしにはまずは心が、確実にマズイことになります。

脳は再生できるか？

河瀬　斌

河瀬斌（かわせ　たけし）

一九四四（昭和十九）年、東京に生まれる。慶應義塾大学医学部卒業。現在、慶應義塾大学医学部外科学教室脳神経外科（教授）。専門は頭蓋底腫瘍、脳血管障害、微小解剖。

●脳は再生可能か

脳の分野では今さまざまな研究が爆発的に進行しています。

どんな研究が行われているかというと、例えば遺伝子の研究です。腫瘍の遺伝子を解析したり、脳にできたがんの遺伝子治療——ウイルスを使って遺伝子を組み替えて腫瘍を治療するというような、遺伝子治療の分野の研究があります。

脳を再生する研究もあります。脳や脊髄は中枢神経といいますが、これは再生できないと言われてきました。それが今覆されつつあるのです。

また、人間しかない高次脳機能の研究は、ものをどこで考えているかというようなことを画像化したりする研究です。

さらには手術をロボット化する研究もあります。

今日は、このなかから「脳を再生させる」という話をしましょう。脳を再生する、あるいは修復するというのは夢物語でしょうか。

プラナリアという原始的な動物がいますが、これはどこを切断しても体が復元するという特徴があります。脳の部分を切っても元に戻るのです（図1）。

プラナリアの中に黒く詰まっているのはES細胞（胚性幹細胞、エンブリオニック・ステムセル）です。簡単に言うと、一つの卵が分裂していろいろな臓器になる、その大もとにあたるものです。胎児期の最初期にある、臓器に変わる一つ手前の細胞です。プラナリアは体全部がES細胞でできているので、どこを切断しても臓器が再生するのです。

ES細胞からそれぞれの臓器のもとになる細胞ができますが、脳のもとになる細胞は神経幹細胞（ニューラル・ステムセル）といいます。神経幹細胞は脳のすべての原基です。ところで、心臓を移植するように、脳全体を移植することは可能なのでしょうか。答は残念ながらノーです。この方法では脳を再生することはできません。

臓器を移植するにはあらゆる神経と血管を切り離して再びつなぐ必要がありますが、脳は切り

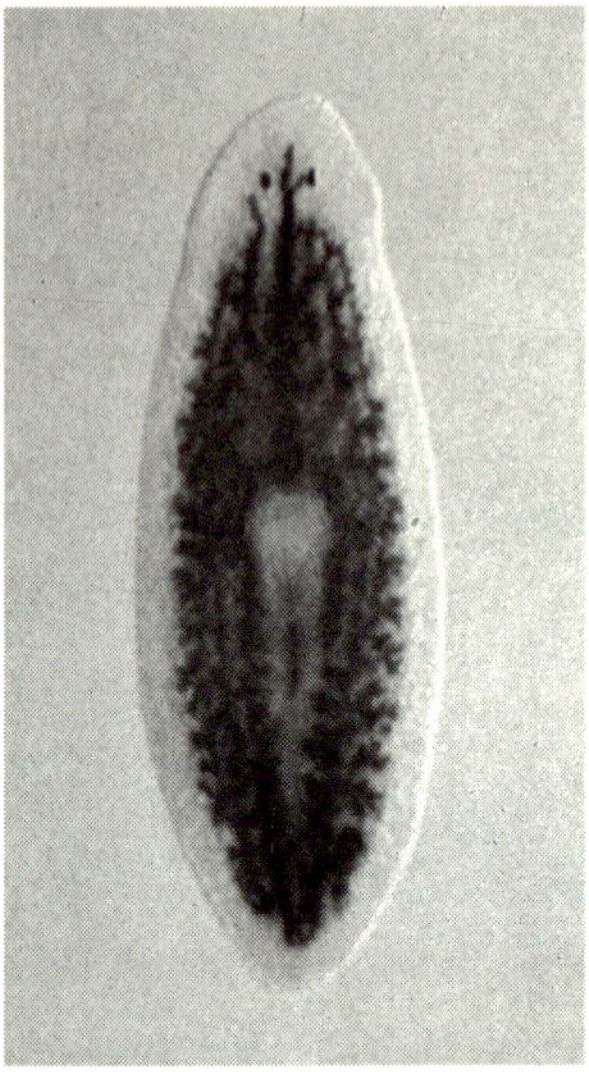

図1　全能性（胚性）幹細胞動物、プラナリア。（阿形清和、富永健一：細胞工学19：378、2000より）

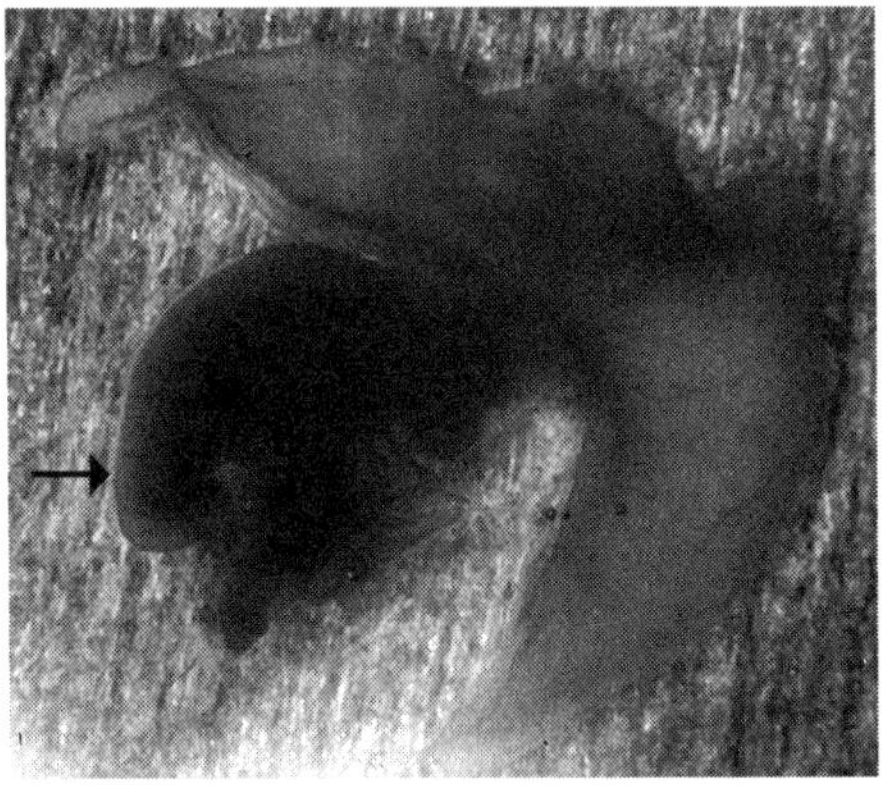

図2　ブタの胎児（E18日）。中脳（矢印）より神経幹細胞を得る。

離されると三分で壊れてしまいますから、再びつないでも再生できないのです。

では脳の一部、組織片だけでも移植できないのでしょうか。実は過去にはそうした治療が行われました。パーキンソン病の治療に、脳組織片や副腎の組織を移植するという方法が採られたのです。ところが移植した細胞は、二、三カ月で全部なくなってしまうことが判明しました。それでこの方法は断念されました。普通の脳細胞を移植してもだめなのです。

●胎児の脳細胞を培養する

成人の脳細胞は移植しても短期間で消滅しますから、当然培養しようとしても分裂も増殖もしません。ところが、二カ月か三カ月の胎児の脳細胞は、培養すると増えるのです。

脳は胎児が二、三カ月のころに発生しますが、発生してきたばかりの脳の一部を取って調べると、そこには神経幹細胞がぎっしり詰まっています。

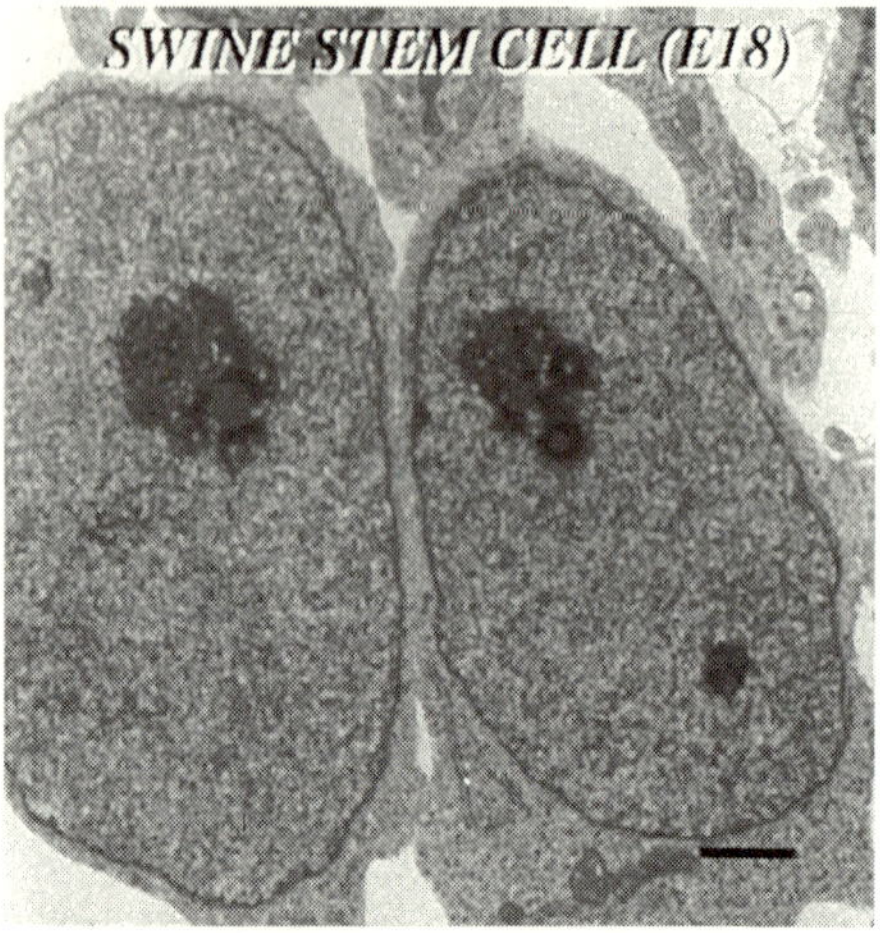

図3　神経幹細胞。核が大きい。（内田耕一、河瀬斌：脳神経外科27：793、1999より）

どんな動物でも神経幹細胞は胎児の脳にあります。人間は二、三カ月ぐらいが神経幹細胞がいちばん多いのですが、動物は人間よりも寿命が短い分、もっと早い時期に神経幹細胞が出てきます。マウスやラットでは十日とか十三日、ブタでは十六〜十七日ぐらいです。

図2はブタの胎児です。

矢印のあたりは中脳ですが、ここから神経幹細胞を取り出します。我々は顕微鏡の下で手術をしますから、ここの部分を取り出すのは容易です。

次に取り出した細胞を培養します。普通の細胞は真ん中に核があって周囲に細胞質があります。ところが神経幹細胞はほとんど全部が核で占められていて、細胞質が少量しかありません。この丸いのが全部核です。核の中には遺伝子が詰まっていますから、大きな核を持った神経幹細胞は遺伝子情報をたくさん持っているわけです（図3）。

表1　神経細胞の種類と働き

ニューロン：	神経電気活動をする主役の細胞でアクソンという長い突起を持ち、他の細胞とシナプスというもので接続される。
アストロサイト：	脳の構造を支え、ニューロンに栄養や成長因子を与えるニューロンのサポート隊で、最も数が多い。
オリゴデンドロサイト：	神経の鞘（ミエリン）を作る。
ミクログリア：	脳外傷や梗塞などで死滅した細胞を清掃する「貪食細胞」に変身する。免疫にも関係するといわれるが、よくわかっていない。
血管内皮細胞：	神経系の細胞ではないが、アストロサイトと結合して「血液脳関門」といわれる、神経に害のある物質を血液から脳へ通さない特殊な関門を作る。

●神経幹細胞のはたらき

神経幹細胞の能力を四つあげてみましょう。

第一に、自己複製能です。自分を増やすことができる。

第二に、多分化能です。自分からいろいろな神経細胞を生み出します。脳の中に一〇兆個あって情報を伝達するニューロンや、ニューロンを支えるアストロサイトなど、さまざまな細胞に分化します（表1）。

第三に、細胞移動能です。自力であちこちに移動する能力です。

第四に、神経突起伸展能です。脳から足の先まですっと筋状につながっている神経の突起を伸ばすことができます。

ここで問題になるのは第一と第二の能力です。自己複製したり多分化する能力は神経幹細胞にしかないものです。

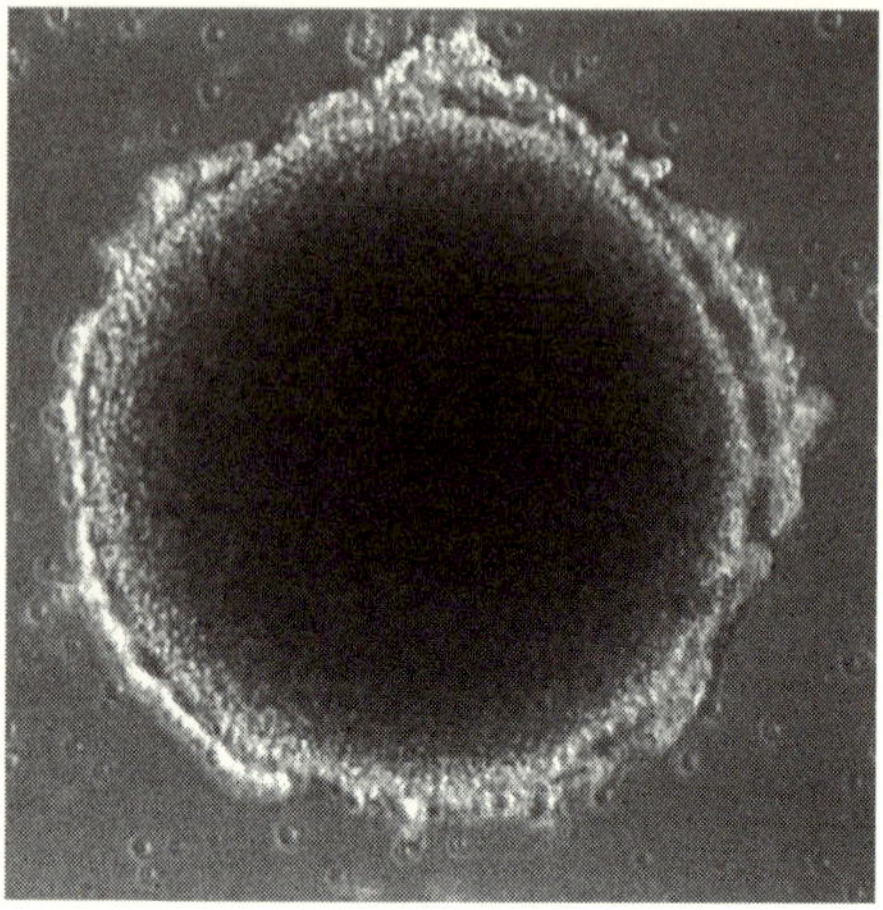

図４　神経幹細胞の培養でみられるマリモ状の細胞集合。

●自己複製と分化

神経幹細胞を増やして体内のさまざまな部位で分化させることができれば治療に役立つでしょう。人間の体の神経が失われたところに分化を始めた細胞を移植するのです。

神経幹細胞を増やすには成長因子（ＥＧＦ　エピダーマル・グロース・ファクター）を加えます。成長因子には上皮（表皮）を増やす能力があります。上皮というと皮膚を連想しますが、じつは脳組織も上皮の一部です。脳は発生段階では皮膚と同じ親類なのです。

神経幹細胞を培養液の中で増やすと摩周湖のマリモのような形状になります（図４）。ボール状になるのがこの細胞の特徴です。

培養液の中のマリモ状の神経幹細胞を生体の中、例えば動物の脳の中に移植するとリング状になります。この形状から、これは神経幹細胞が集まっているということがわかるのです。

胎児の脳の中には神経幹細胞から分化した細胞も混じっていますが、成長因子を加えると、神経幹細胞だけが分裂をしてマリモ状になります。さらにこのマリモがバラバラになって、神経幹細胞があるものだけが次のマリモをつくるというように、ねずみ算式に増えていくのです。

分化した神経幹細胞以外の細胞は、ある特殊な培養の仕方をすると、ニューロンやアストロサイトなどのような神経細胞に分化します。

ではどうやったら自己複製ではなくて分化させることができるのでしょうか。神経幹細胞は培養皿の壁にちょっと乗っただけで分化していってしまいます。培養条件をちょっと変えて、そこに血清を加えたりすると、やはり分化するのです。また成長因子を加えるのをやめても分化するようになります。

我々のちょっとしたさじ加減で、分化している方向と増える方向を変えることができるのですが、これは重要なことです。

●分化する神経幹細胞

胎児の脳の真ん中には中心管（成体では脳室になる部分）という空洞部分があって、その周りに神経幹細胞が集まっています。そして神経幹細胞が集まっている巣からは、神経がどんどん外側へと移動しているのです（図5）。

中心管の周囲にある神経幹細胞が分裂すると、一方は神経幹細胞として残り、もう一方は神経細胞、すなわちニューロンに分化していきます。神経幹細胞は自分を複製して残していきつつ、

図5（右）　中心管（脳室）近傍の神経幹細胞の分化と移動。

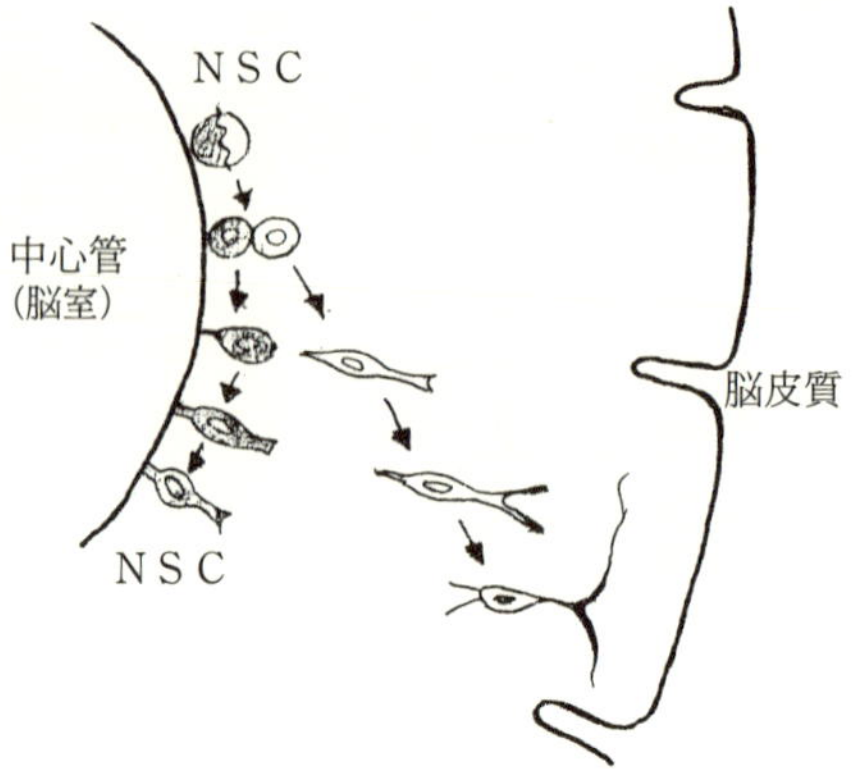

図6（左）　神経幹細胞から分化した3種の細胞。
N；ニューロン
A；アストロサイト
O；オリゴデンドロサイト
（Palmer TDほか：Mol. Cell. Neurosci 8：389-404、1997より）

一方ではニューロンを産生していくというように、二種類に分かれるわけです。最近になってわかったのですが、脳の発達段階では神経細胞は脳の中でつねに動いています。

最近になって、神経幹細胞がどういうふうに分化するのかが解明されてきました。一つは、この幹細胞は小脳になるとか、この幹細胞は大脳の一部になるとか、遺伝的に決まっています。もう一つは、環境によって分化の方向が変わるのです。ニューロンになるはずの幹細胞が、環境の変化でアストロサイトになったりします。

図6は有名なスライドです。デザインとしても美しいものですが、三年前にパーマーという研究者が神経幹細胞を培養していたら、こんないろいろな細胞に分化してしまったという証拠なのです。

ニューロン、アストロサイト、オリゴデンドロサイトの三種類が写っています。神経幹細胞が少なくともこの三種類の細胞に分かれたわけです。

最初に胎児から神経幹細胞を取ってきて、成長因子を

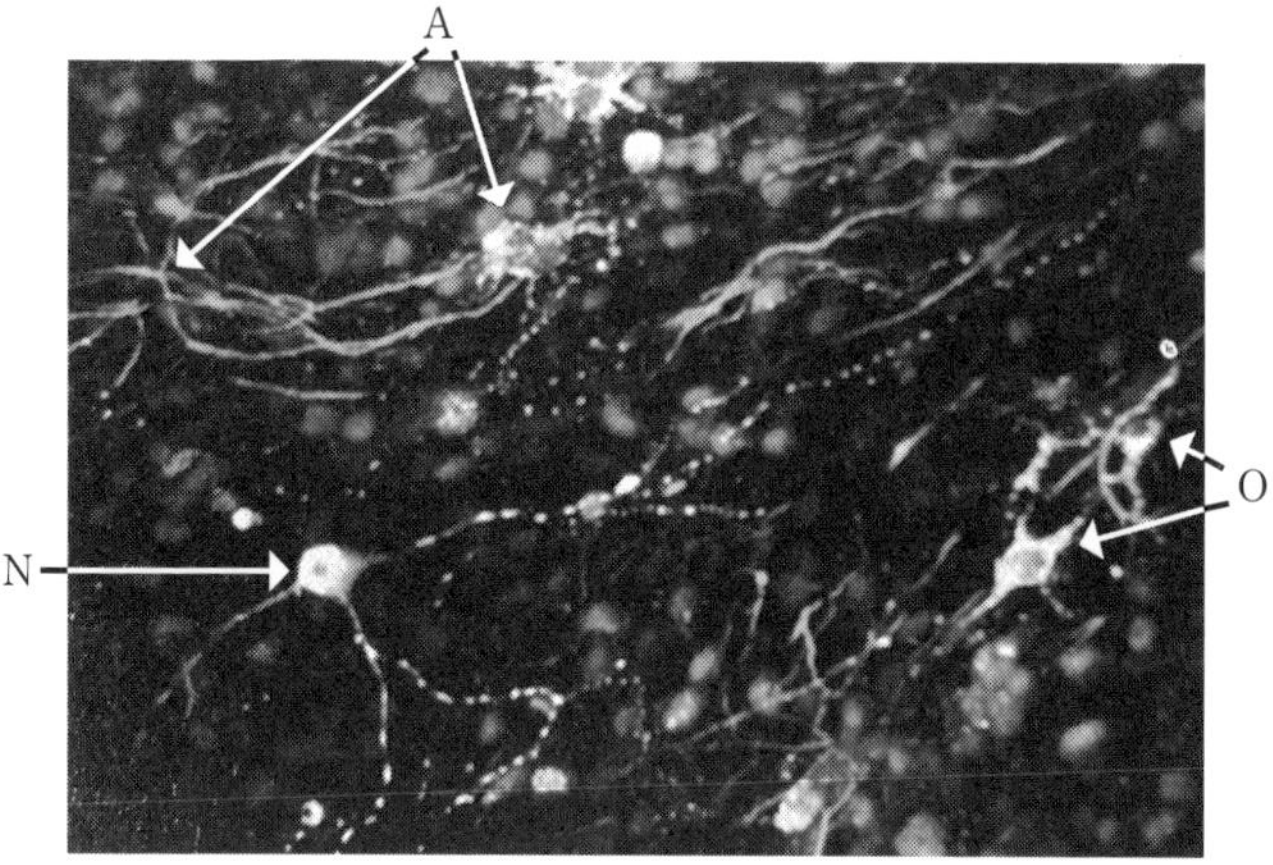

加えて増やします。そこで培養条件を変えて神経細胞を分化させる。そして分化してきた細胞を、動物の体内、あるいは最終的には人間の体内に植え込みます。ニューロンを分化させて脳の中に植え込むと、脳にニューロンができる、人間の体の中に新しい脳を発生させることができるのです。

●脳梗塞を治療する

もっと具体的に、例えば脳梗塞の治療にこうした技術がどのように応用されるのかを説明しましょう。

脳梗塞は、血管が詰まって脳の一部に穴があいた結果、手足が麻痺したり、言葉がしゃべれなくなったりする病気です。脳梗塞を実験的につくって、そこに神経幹細胞を移植したら梗塞が治るのでしょうか。数年前にその実験が行われました。

まず、神経幹細胞を脳梗塞巣へ植えたら生着するかという問題があります。もしも生着したら、今度は、神経がちゃんと伸びてくれるかという問題があります。そして、その神経が破壊を免れて残っている神経細胞とうまくくっついてくれるかという問題があります。

そして最終的には、失われた機能が回復するか。麻痺していた手足が動くようになってようやく目的に達するわけですが、ここまでいくかどうかを実験しました。もちろん人間ではなくまずラットで研究したのです。

ラットの脳の血管に糸を流し込むと、そこが詰まって脳梗塞ができます。詰まったところに神経幹細胞を移植すると、見事に生着しました（図7a）。

さらに幹細胞を移植したところに向かって血管が枝のように伸びてきました。ということは、この幹細胞は栄養をもらって生き続けるということです。では脳梗塞は治るのでしょうか。

組織の治り方には二種類あります。大怪我をするとあとに瘢痕という固い引きつれができます。これは、組織は治っているのですが、もとの皮膚組織とは少し違う肉芽というものが置きかわったものなのです。肉芽ができてしまってはまずいわけです。ちゃんと神経が伸びて治るのでなければ意味がありません。

そこで培養移植した神経幹細胞を調べますと、神経突起が伸びてくることが顕微鏡で確認されました。瘢痕ができるのではなく神経突起が伸びてきたのです（図7b）。

では、伸びた先はどうなるのでしょうか。じつは現在ではその行き先はまだわかっていません。どこへ伸びていったのかを確認するのは難しいのです。

ここまでの部分は、我々は全部切片で観察できます。その行き先がどこへ行っているかは、生

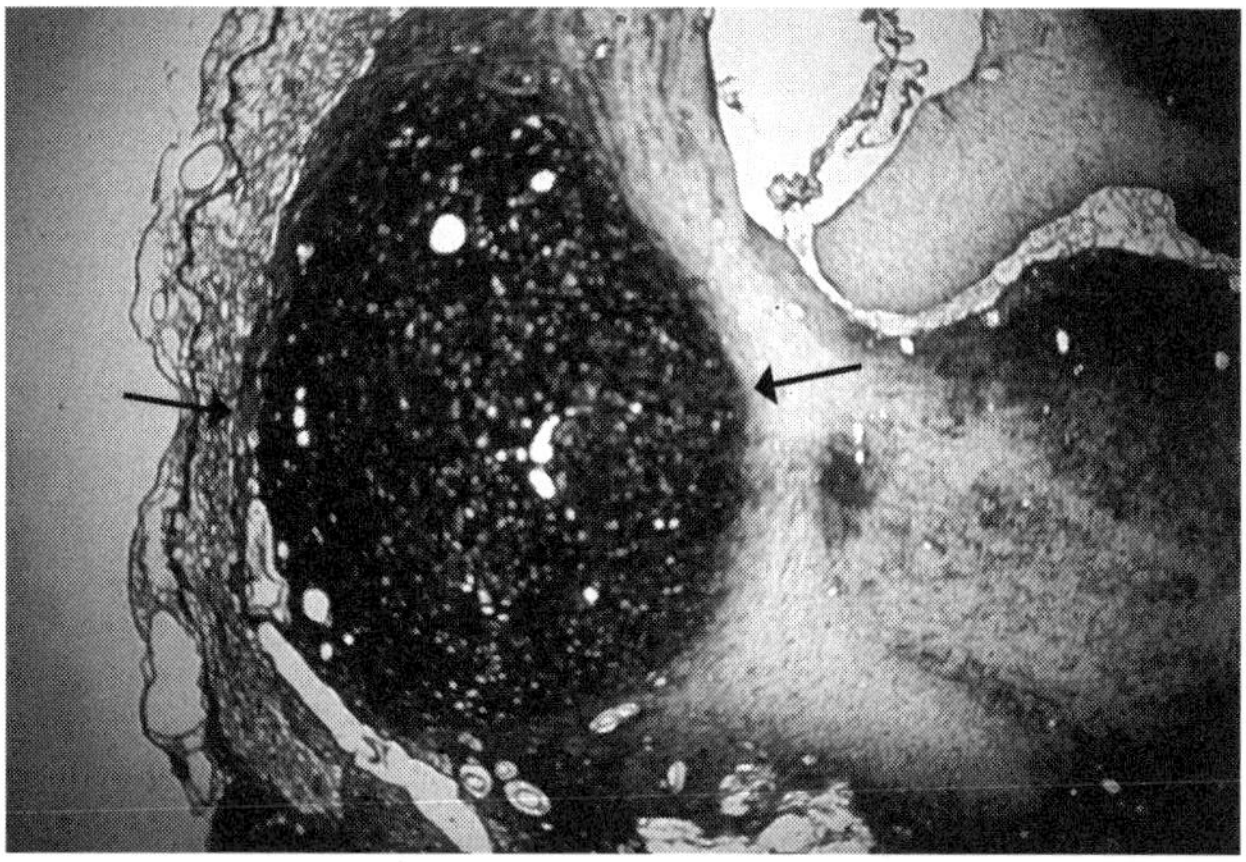

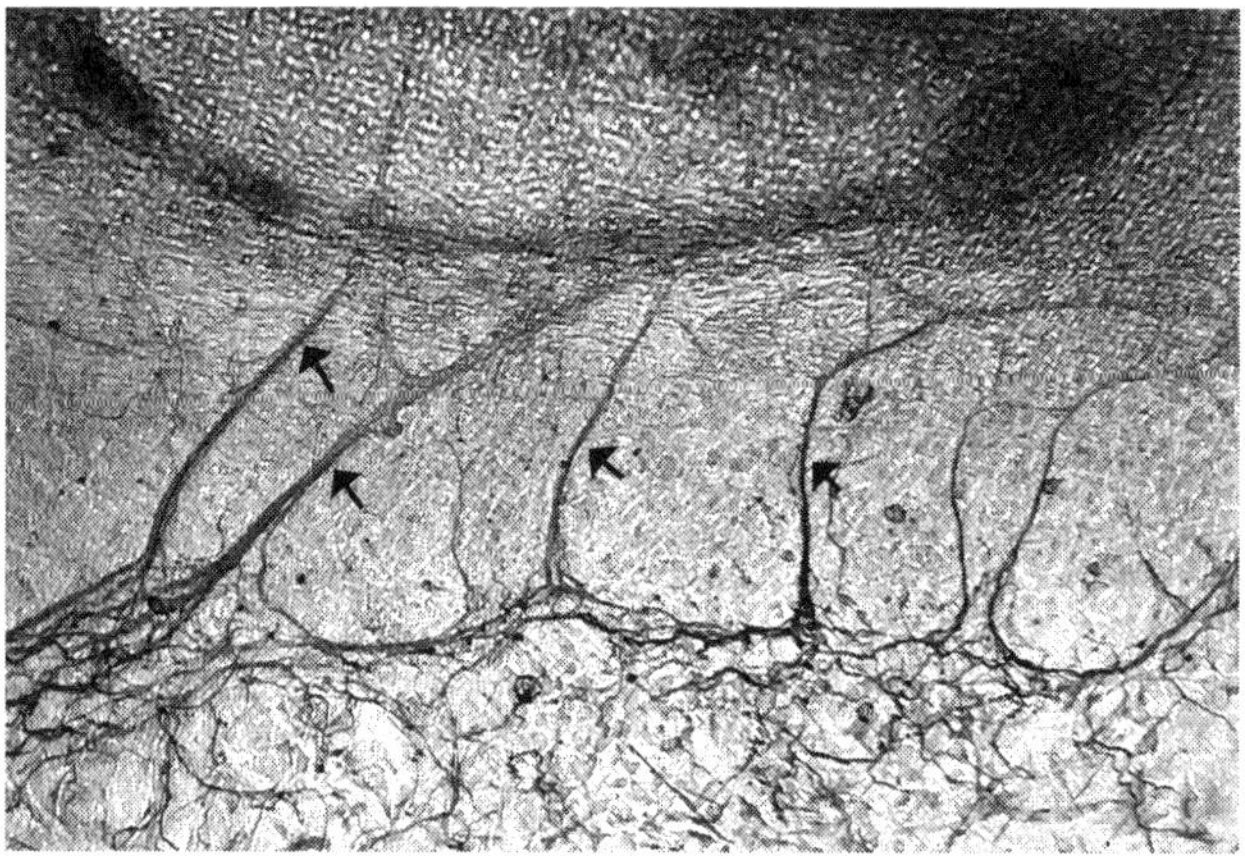

図７ａ）E 10.5日胎児ラットから得た神経幹細胞を実験的に作成した脳梗塞巣へ移植(矢印)。見事に生着している。
ｂ）培養移植神経幹細胞からの神経突起の出現(矢印)。(福永篤志、内田耕一より)

体を透かして見ればわかるのでしょうが、それはできません。培養したものは見られますが、体の中で繊維がどこへ行ったかは、なかなかつきとめられないのです。この部分の解明は二十一世紀に積み残された課題になっています。

最後の肝心なところがわからなければ神経回路ができたかどうかもわからない、というのでは困るわけです。そこで、実際に移植された動物がどうなったかをテストしました。

墨汁が入って水面の下が見えないプールの底に足台を一つ仕掛けます。ネズミ（ラット）を何度かプールで泳がせて、足台に達する時間を調べるのです。頭がいいネズミは、何回か泳がせると場所を覚えてすぐに足台へ行きます。頭の悪いネズミはなかなかそこへたどり着けません。つまり学習能力をテストしたのですが、ついでに水泳能力もテストしました。

足場があるところに達する時間を、脳梗塞の手術をしなかったネズミと、手術をしたけれども移植をしなかったネズミと、神経幹細胞を移植したネズミの三種類を比べました。

幹細胞を移植したネズミは、回復が早く、一週間後には脳梗塞をつくらなかったネズミとほとんど同じぐらい早く足台の位置をみつけるようになりました。何日も泳がしていると少しずつ学習してだんだん時間が短くなるのですが、学習の仕方が早い。神経幹細胞を埋め込まない、脳梗塞を持ったままのネズミは回復がおくれます。こういうことが現象としてわかりました（表2）。

神経細胞が手をつないだかどうかは目視できませんが、現象的によくなったということが確認されたのです。

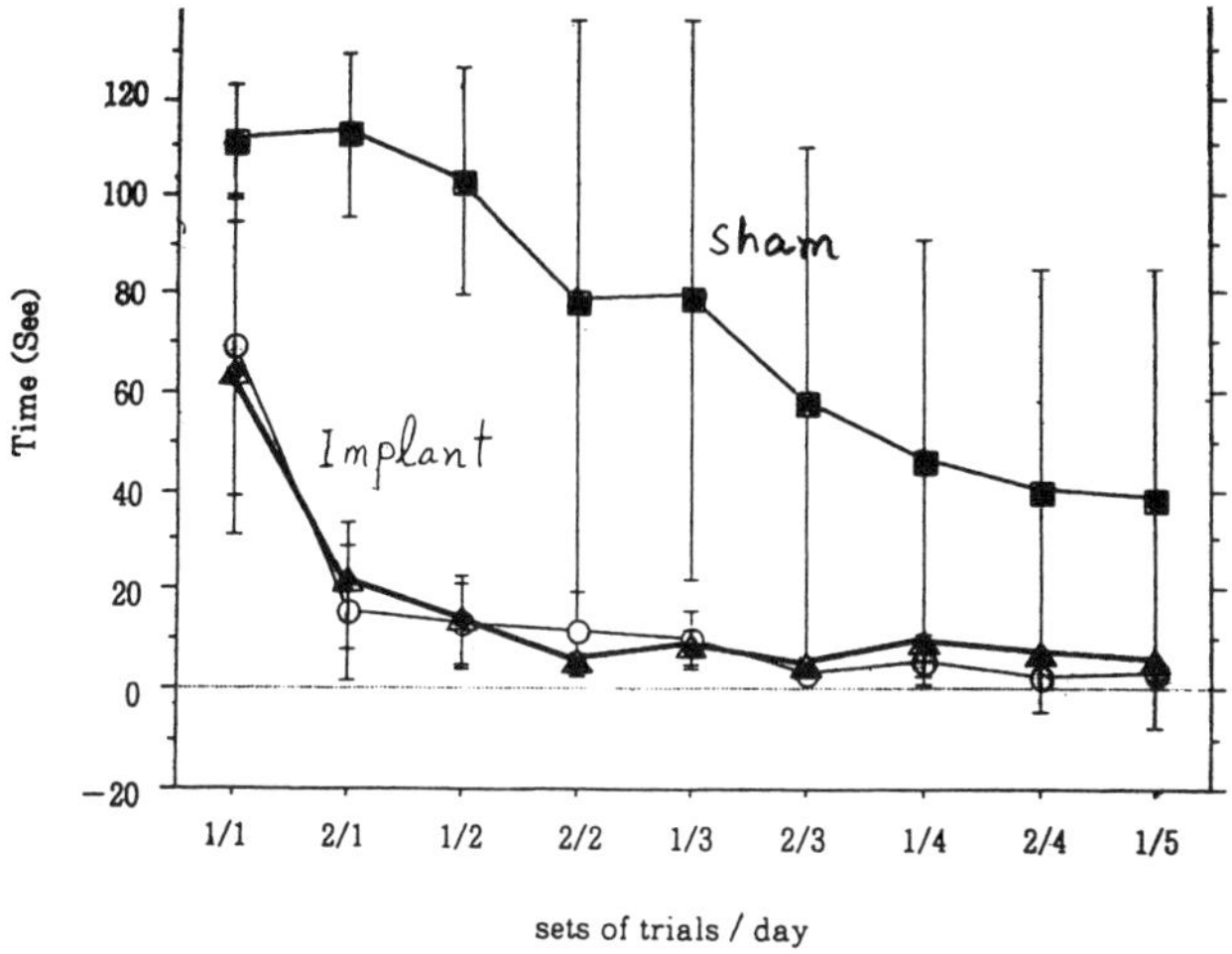

表２　モリス水迷路法によるラット学習能力テスト。幹細胞移植群(Implant)では対照 (Sham)に比し学習能力が向上し、探すまでの時間が短くなっている。（福永篤志、内田耕一より）

●神経を誘導するもの

　では今後、我々の研究を臨床に生かすには何が必要でしょうか。それは神経が再生されたことを裏打ちする基礎的研究と、人間に応用する場合にどこから幹細胞を得るか、という問題を解く必要があります。

　第一番目は、現象的には回復することはわかりましたが、再生した神経突起が目的の場所に誘導されるかどうかが切片の上で確認されないと、我々科学者は信用できないわけです。それを何とか確認したい。

　神経突起が誘導されるとすれば、誘導する物質は何か。そして、動物ではなくて人でも同じことができるのかどうかも確認したいのです。

　現在基礎の分野では、神経を誘導す

表3　脳の発達を誘導する物質

a）細胞の分化を調節するもの
Notch，Delta-1，Jagged-1，Mash-1などの遺伝子
EGF，BDNF などのサイトカイン
b）細胞の配置を誘導するもの
Pax，Nkx，Dbx，Irx など

る物質を次から次へと発見しています（表3）。いろいろな遺伝子が神経を誘導することがわかってきました。誘導物質は何十、おそらく何百という数になるでしょう。人間の体の中には、神経をあちこちに誘導する物質が膨大に含まれているのです。人間の体というのは何と複雑なものでしょうか。

今後の研究課題の二番目は、実際に利用できる神経幹細胞をどうやって得るかということです。

胎児から得ることは理論上はできます。では実際に、二カ月か三カ月で流産した胎児から取ってきて利用することは可能でしょうか。しかも一人の胎児では足りない、何かするには十体ぐらいの胎児が必要なのです。我々科学者は、捨ててしまうものだから使いたいと考えはしますが、倫理的に難しいと思っています。

●成人の神経幹細胞

今まで神経幹細胞は胎児にしかないと思われていましたが、つい最近、成人の脳にも神経幹細胞があることがわかりました。成人の脳にも新しい神経細胞が生まれているのです。

我々は教科書で、胎児のときに約一〇兆個の神経細胞ができたら、それ以後は神経細胞は増えないと教わりました。ところが、成人の脳に神経幹細胞

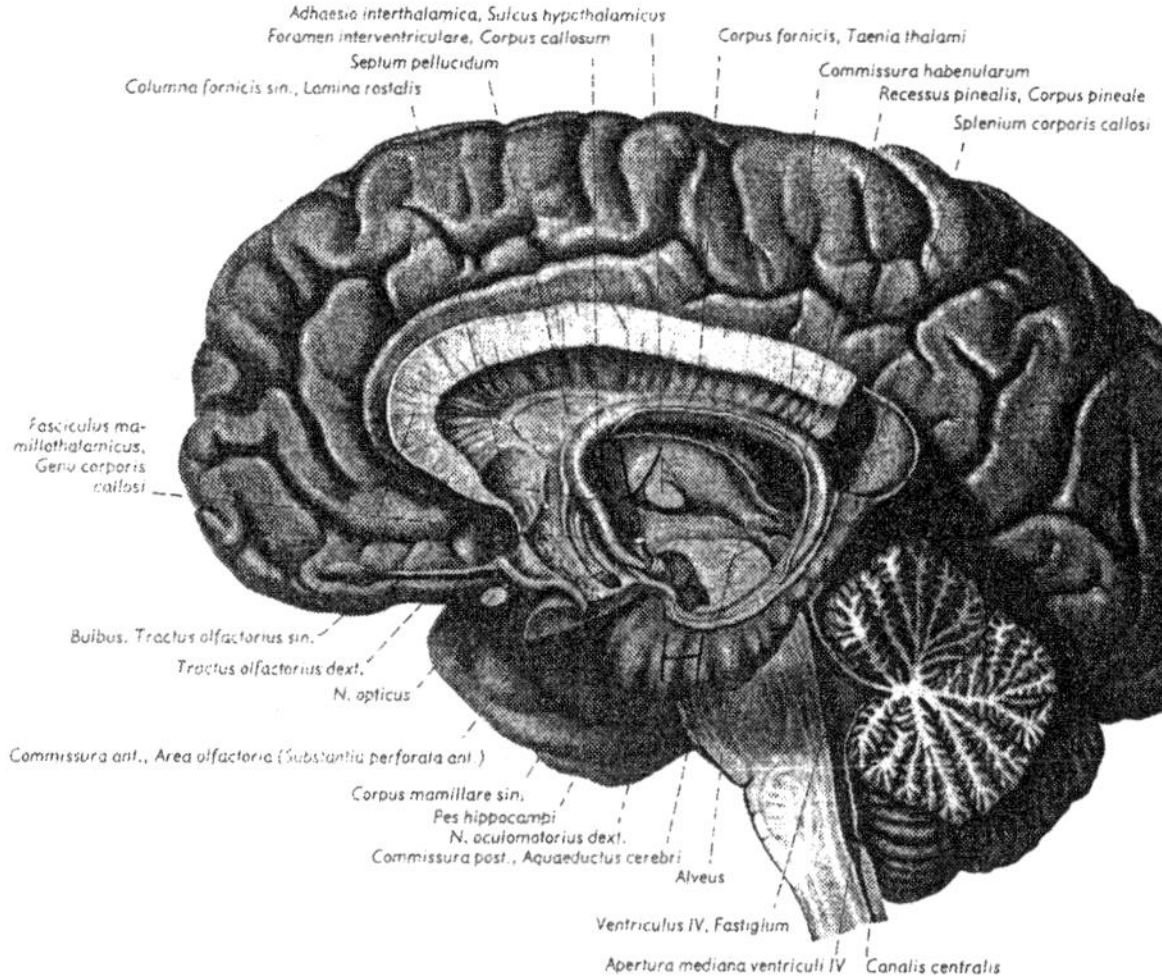

図8　人脳の海馬（H）と脳室系（V）。（Pernkopf 解剖図より）

があるということは、つねに新しい神経細胞が生まれていることになります。死滅する細胞があれば、補給される細胞もあるということです。

学習をすると、それが一つの刺激になって神経幹細胞がニューロンを生み出すのです。だから、何かを学びつづけている人はいつまでも若いのではないでしょうか。

成人の神経細胞は記憶に関係する海馬や脳室の周りにあることがわかっています。

脳室は脳の中心部にある空隙の場所で、中には水がたまっています。この周りに神経幹細胞があるのです。また、脳はこぶしの形をしていますが、こぶしの親指のつけ根に当たるあたりに記憶に関係する海馬がありますへ（図8）。ここにも神経幹細胞があるのです。

成人に幹細胞があるならば、自分の幹細

胞を取って培養し、自分の脳の傷ついたところに培養した細胞を植えれば、自分で自分を治療できるのではないでしょうか。

●ブタの細胞を移植する?

それなら自分の脳から取って培養すればいいではないかという発想になります。でも、自分の脳から取るのも、どこか傷つけそうな気がして積極的になれません。

それでは、他の動物から取ってくればいいのではないか。そうすると、人間にいちばん近い動物からということになります。これはサルのように思われますが、じつはブタなのです。ブタを使った場合、免疫の問題で人間にくっつくかどうかということですが、ブタは人間に遺伝子構造が似ているので免疫拒否反応が比較的軽いのです。

ブタの神経幹細胞をネズミに移植した実験がありますが、ブタの細胞は他の動物にうまくマッチングします。免疫抑制剤を少し使いますがちゃんと生着します。ですから人間にもいいというわけです。ただし人に使う場合、ブタの病気を持ち込まないようにきちっとした細胞管理をする必要があります。

●ES細胞と倫理規定

神経幹細胞を血液から取ることができるかもしれません。血液から脳の細胞がつくれないだろうか。神経が血液になったり、血液の細胞が神経幹細胞になったり、フレキシブルになるということが、最近の研究でわかってきました。

ここで問題になるのが最初にお話ししたES細胞です。ES細胞さえあれば、どんな臓器でも神経幹細胞でもつくれるのです。それで、このオールマイティーの細胞の研究が始まりました。いちばんの理想は、ES細胞から血液ができ、骨ができ、心臓ができ、神経ができる。こういうところから幹細胞をつくることです（図9）。

三、四年後にはそれは技術的には可能になるだろうと言われています。そうなれば、神経幹細胞をどこから取ってくるかという問題は解決するでしょう。

そうして取った神経幹細胞を培養で増やして、いろいろな細胞に分化させる。何を入れるとどういうふうに分化するかがわかってきていますから、目的の細胞に分化させる技術は今後どんどん開発されるでしょう。

目的の細胞を人間の体内に移植すれば、神経は基本的には再生されます。これは十年ぐらいで可能になってくるかもしれません。

倫理規定も今後の問題点です。基準をどこに置くかが難しいのです。倫理規定を厳しくしすぎると、こういう研究はできなくなってしまいますし、かといって緩めすぎると、クローン人間をつくるような方向にいってしまう危険があります。

現在、神経幹細胞は研究してもいいことになっています。一方ES細胞の研究は倫理規定が厳しいのです。

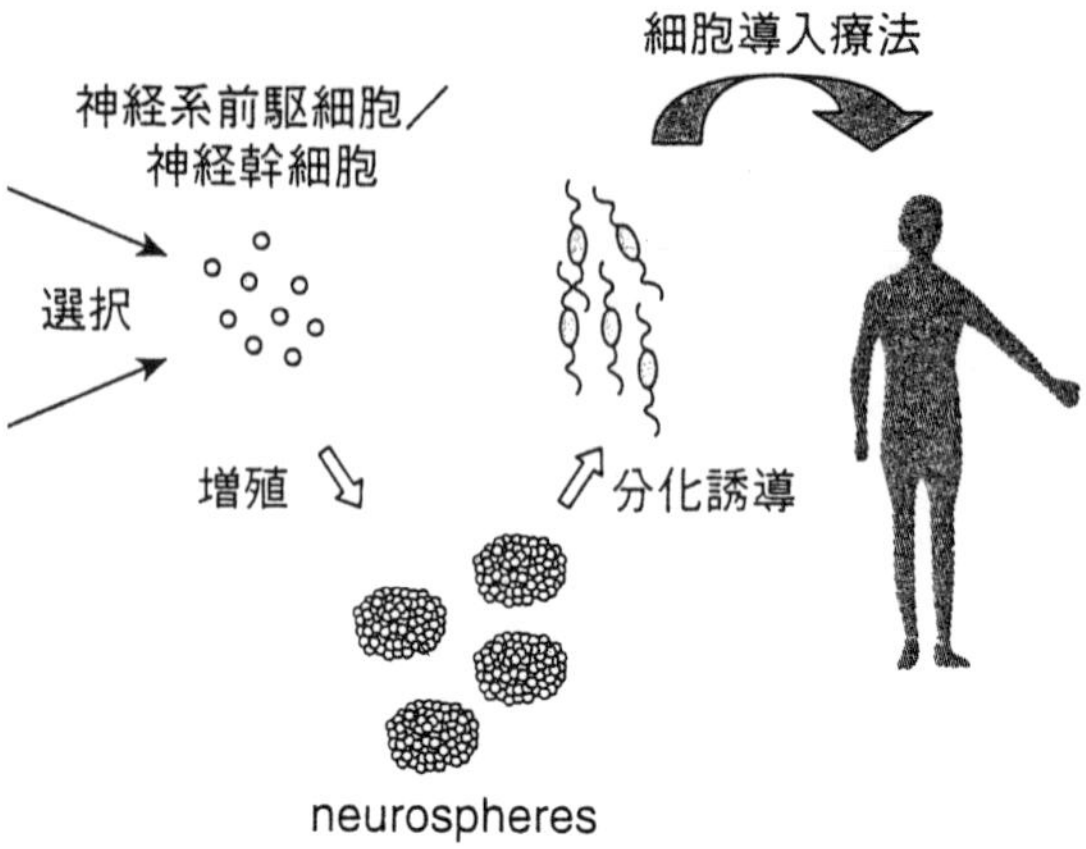

図９　胚性幹（ＥＳ）細胞による臓器再生と神経幹細胞移植による神経系の再生の図式。（岡野栄之、阿形清和：細胞工学19：369、2000より）

●培養バンク

もう一つ今後の問題となるのは、培養バンクです。神経幹細胞を研究室で培養増殖するだけでなくて、実際に臨床応用するときには培養バンクが必要になります。ある神経幹細胞を培養して増やして、それをあちこちの病院で治療に使うようになった場合、培養のための施設は研究施設から会社になっていくでしょう。そのためにはさまざまな整備をしなくてはなりません。これは医学的な問題ではなくて社会的な問題です。

落馬などで首の骨を折るなど、脊髄が一カ所損傷した結果手足が麻痺して口から上しか動かないような症例でも、損傷したところに神経幹細胞を植えればよくなることが、ネズミを使った実験ですでに確かめられています。

ですから、損傷の範囲が大きいと難しいですが、脊髄や、あるいは脳の一部をやられて

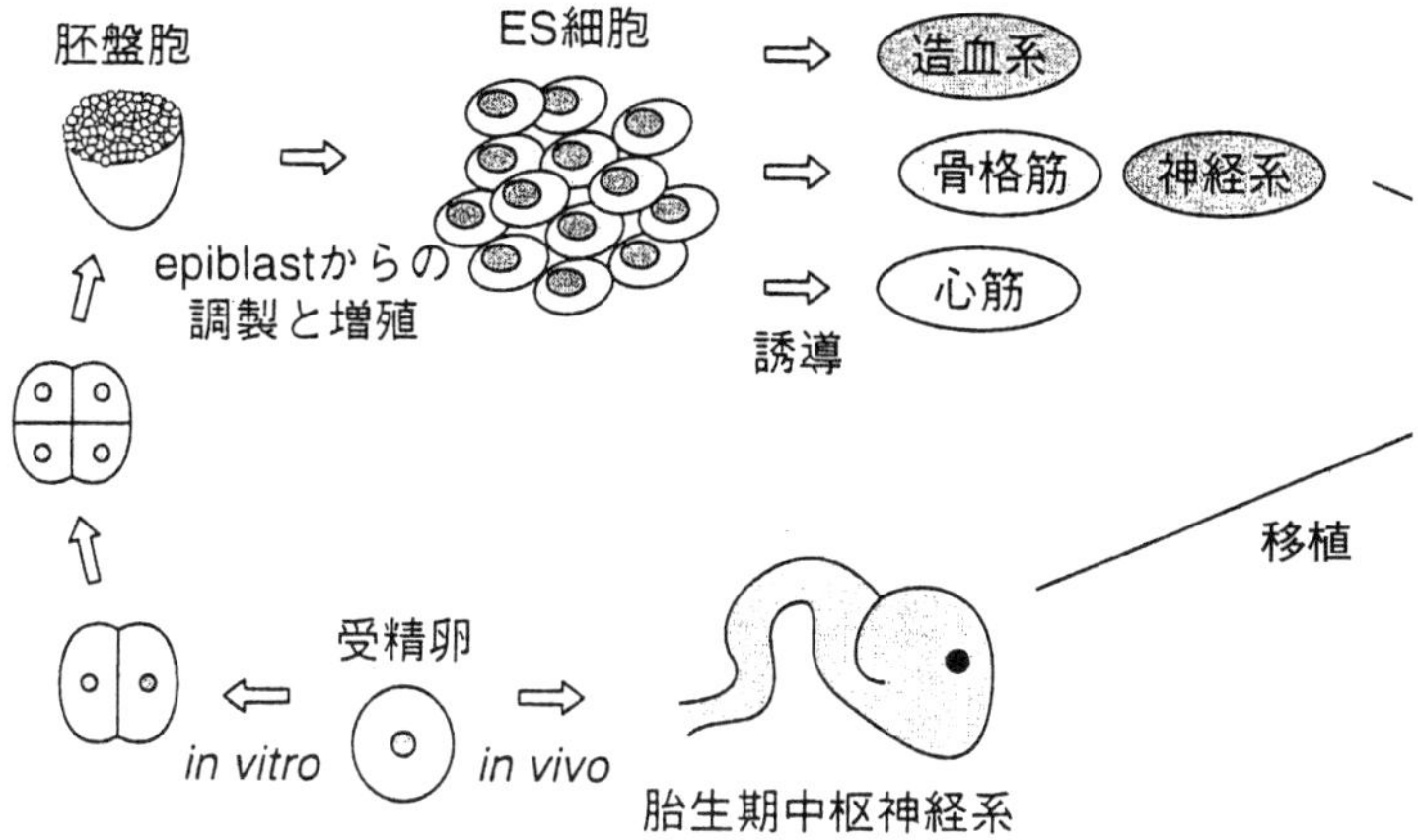

手足に麻痺があるというような、ある一点が損傷したための麻痺が治る時代が、必ず二十一世紀には来ます。それも、そんなに遠い話ではありません。

モーター・スポーツの魅力

篠塚建次郎

篠塚建次郎（しのづか　けんじろう）

一九四八（昭和二十三）年、東京に生まれる。東海大学卒業。三菱自動車工業に入社し、ラリードライバーとして活躍。九七年、パリ・ダカール・ラリーで総合優勝。

●レースとラリー

モーター・スポーツは大きく分けると、サーキットで行われるレースと、一般の普通の道を使うラリーの二つに分けられます。

サーキットで行われるレースは、二台以上の車が同時に「ヨーイ、ドン」でスタートし、だれが一番最初にゴールできるかという競走です。

それに対してラリーは、一般の道路を使いますから、二台以上の車が同時にスタートできる広さがあるとは限りません。そこで、一台ずつスタートすることになる。前の車がスタートしてから一分ないし二分間あけて次の車がスタートします。また、何日間か走りますから、毎日ゴールまでのタイムを計って、最終日までの総合で一番タイムの短い人の勝ちとなります。

両方ともスピードを競うという面では同じです。同時に「ヨーイ、ドン」でスタートするか、それとも一台ずつスタートするか、違うのはそこだけです。どちらかというとラリーは舗装していないコースを走り、レースは舗装してあるコースを走るともいえますが、ラリーでも舗装した道路だけを走るものもあります。ただ、サーキットレースの場合は舗装していない道路を走ることはけっしてありません。

レースは、大きく分けると短距離競走と長距離競走の二つに分けられます。

短距離競走の代表的なのはF1――フォーミュラ・ワンというカテゴリーで、これは一つのレースが二時間ぐらいで終わります。年間に世界中を十六カ所ほど転戦して、その年のシリーズのチャンピオンを決める、というのがF1に代表される短距離競走です。

長距離競走は、フランスのル・マンで行われるル・マン24時間というレースがよく知られているでしょう。これは二十四時間走り続けて、だれが一番長い距離を速く走れるかを競争する耐久レースです。

同じようにラリーにも、短距離競走と長距離競走があります。

短距離競走の代表的なのが、WRC――ワールド・ラリー・チャンピオンシップです。世界を転戦しながら年間十四回ほど競技をします。競技は大体三日間です。毎日十カ所程度の、スペシャルステージという競走区間を走ってタイムを計測し、全部を総計して三日間でだれが一番走行タイムが短いかで勝負が決まります。

長距離型のラリーはクロスカントリー・ラリーといい、パリ・ダカール・ラリーが有名です。これは一週間とか二週間、長いものでは二十日間にもおよぶ日数をかけ、距離も一万キロ近く走ります。

モーター・スポーツはこの四つに分類できます。

●命がけのラリー

私はこの十数年、主に長距離型のラリーに参戦し、特にパリ・ダカール・ラリーに打ち込んできました。しかし、去年（二〇〇〇年）残念ながら事故を起こしてしまいました。三十年以上ラリーをやっていて一番大きな事故でした。

その日のスタート地はたまたま広い砂漠だったので、六台ずつ同時にスタートしました。広大な砂漠には道はなく、どこでも走れるのですから、広がって気持ち良く走ればいいのに、何故か六台が近くに集まって走るのです。

というのは、道であれば、坂になっていてもその先に道が続いているのは当たり前ですけれども、我々の走るところは道ではないので、坂を登ってみないとその先にほんとうに路面がつながっているかどうかわからない。向こう側はいきなりストンと落ちている崖かもしれない。何があるかわからないのです。ですから、だれかの後ろかタイヤの跡があるところを走ったほうがリスクが少ないので、どうしても六台が同じようなところに集まることになる。

というわけで、六台が同じようなところを走っていました。スタートして最初は地面が真っ平らだったので気持ちよく走れたんですが、三十キロ、四十キロと走るうちにだんだんうねりが出てきて急な坂になってきました。

もちろん坂を登るときにはアクセルを離すかブレーキを踏むかして、スピードを緩めれば安全に行けますが、それでは競走になりません。ですから先が見えず怖くても、アクセルを離さないしブレーキを踏まない。とにかく我慢してアクセルペダルの上でふんばっていられるかどうかで勝負が決まります。

他の車より一分一秒でも速く走るために、うねりが激しい坂でしたが、我慢してアクセルを踏んでいました。そして、勾配がかなり急な坂を勢いよく登った瞬間です。路面がストーンと落ちていて、その先に急勾配の上り坂が壁のように見えた。つまりV字の大きな溝のようになっていたのです。ゆっくりしたスピードで行けばすんなりと下がって上がれますが、百五十キロ以上出ていましたから、そのまま飛ぶようにジャンプして、向こう側の砂丘の上り斜面に正面衝突しました。

衝撃で私は一瞬にして気を失ってしまったので恐怖も痛みも感じませんでした。車もぶつかった勢いでスッと坂を登って普通に止まった状態だったので、何の事故もなかったように遠目には見えたようです。ナビゲーターは背骨が折れる重傷で、私のケガもひどく、そこでリタイアになりました。

気絶していたので全然覚えていませんが、私はまぶたの上をかなり切って、普通なら十何針も縫うところを、テントの中の応急的な処置で八針くらいで縫い止めたらしく、あとが残ってしまいました。まあ、この傷は大したことがなかったのですが、尾てい骨をかなりひどく打ち、日本に帰ってきて一カ月ぐらいは身動きもできずに寝たままでした。

ようやく外に出て歩けたときはほんとうにうれしかったです。体が普通に動くというのはこんなにすばらしいことなのかと思いました。

無事にラリーに復帰できて、とにかく走れる限り優勝を請け負えるモーター・スポーツ選手でいるつもりです。

●ラリーとの出会い

私がラリーを始めたのは十八歳のときです。それまではモーター・スポーツには全く無縁でした。ラリーという言葉も聞いたことはなかったし、レースにも興味がなかった。たまたま学校の友人がラリーをやっていて、その友人に、ラリーというおもしろい車の競走があるから一度やってみないかと誘われたのです。

私はナビゲーターで、誘ってくれたその友達がドライバーでした。もちろん日本国内のラリーですけれども、山の中を走っていたら車が横にスライドしました。私は横滑りというのを初めて体験したのです。とにかくびっくりしました。

これはおもしろい！　私は一回で病みつきになってしまったのです。以来、アルバイトしてお金を貯めてはラリーに出るという、そんな毎日が続きました。

カーブをより速く通過するためのスライドのテクニックはすぐ覚えました。車は友人のものなので、なかなかドライバーにさせてもらえませんでしたが、夢中でした。

大学一年生の衝撃的なラリーとの出会い。二十歳の幸運な三菱チームとのめぐり合わせ。私は、ある日突然、好きなこと、得意なこと、才能のありそうなことを同時にみつけた幸せ者です。そして、ラリーを始めたことで人生の方向が決まり、ラリーに勝つたびに人生の階段を上がることになりました。

●中断と復帰から栄光へ

さて、そのままずっと三菱チームで活動できれば一番よかったのですが、私は途中八年間ブランクがあります。一九七八年から八五年までの約八年間、全くラリーができませんでした。そのときの社会環境や景気やさまざまな事情で、自動車会社はモーター・スポーツ活動に積極的に参加したりしなかったりします。最初から今後八年間休むとわかっていれば、それはそれでよかったのかもしれませんが、そうではなかった。一年間待って、来年には復帰できるのかなと思っていると、年末になってだめだとわかり、次の年になってまた、来年こそできるのかなと期待する。それの繰り返しです。先が全くわからない状態で八年間過ぎてしまった。

この時期は二十代の後半から三十代の中盤にかけてですから、ドライバーとして一番脂が乗る時期でした。そのときに八年間もラリーができないのは非常につらいことでした。でもこれで我慢をすることを覚えたような気がします。

一九八六年にパリ・ダカールで復帰できると決まったときはうれしかったです。でも同時に心配もありました。ブランクで自分の腕がどのくらいさびついているのかがよくわからないのです。復帰しても自分がモーター・スポーツ界でいい成績が残せるかどうか見当もつかなかった。

復帰当初は特にいい成績を収めろという要求はされなかったので、とにかく走るだけ走ればいいという気楽な気持ちで出ました。翌八七年に二回目のパリ・ダカールで総合三位になりました。八八年は総合二位でした。三位、二位ときたので当然八九年は優勝しかないと自分では思いました。会社もそれを期待していたようですけれども、そうはうまくいきません。八九年は六位になり、その後五位になったりと浮き沈みを経て、九七年、復帰から十二年かかってよくやく優勝できました。ほんとうにうれしかったです。このまま優勝できないで終わってしまう可能性もあったわけですから、優勝して肩の荷がおりた感じがしました。

いちばん強く感じたのは、一位と二位の違いの大きさです。二位を百回取るよりも一位を一回取るほうが較べようもなくすばらしいものなのです。一位が勝ちで二位は負けだといってもいいくらい、一位と二位は違うと感じました。

●ぶっつけ本番を走る

パリ・ダカール・ラリーは世界でいちばん難しい、過酷なラリーだとよく言われます。このラリーで何が難しいのかというと、まず第一に、明日走るコースはその日のゴール後にならないと教えてもらえないことです。どこからどこまで走るかは、例えば明日は東京をスタートして大阪でゴールする、というのはわかっていますが、日本海側を通るのか太平洋側を通るのかは全然わからない。その日にゴールすると、翌日のロードブックという地図を渡されます。それを見て初めて、砂漠が多いとか岩場が多いというのが判明します。

翌日のロードブックを見てチームは、タイヤは砂漠用のタイヤを使おうとか、それではパンクしそうだから岩場用のタイヤを使おうと決めるわけです。

砂漠用のタイヤは空気圧をかなり減らします。ふだん我々は、街の中を乗っているときと大体同じ、二キロぐらいの空気圧を入れますが、やわらかい砂になると一キロぐらいまで空気圧を下げるのです。するとタイヤの横がポコッと膨らんでパンクしたような状態になり、砂に潜りにくくなるので走りやすいわけです。

ガソリンもそうです。我々の車は五百リッターのタンクがついています。ふつうの乗用車は大体満タンで五十リッターか七十リッターぐらいでしょう。我々の車はドラム缶を二本と半分積んで走れるようになっている。

なぜかというと、ラリーには、八百キロ走れるだけのガソリンを積めるようにしておくというルールがあるのです。我々の車は燃費を大体リッター二キロで計算しています。ずいぶん燃費が悪いと思われるでしょうが、常にアクセルを全開した状態で走りますから、どうしてもそのぐらいになってしまう。またやわらかい砂の中を走るとタイヤが空転して、二キロどころかリッター一・二キロにさえなってしまいます。

自分たちの車の燃費を計算して、そこからタンクの容量が決められますが、毎日五百リッター積んでスタートすれば、ガス欠の心配はありませんが、そのかわり重くなります。もちろん軽いほうが速く走れるし、車も壊れませんから、我々ドライバーとしてはなるべく軽い車で走りたいのです。しかし、岩場のつもりで少ないガソリンでスタートしたら、やわらかい砂でガス欠してしまうこともありえます。ですからそういう計算もしっかりやらなくてはいけません。

普通の道は路面がずっとつながっていますから安心して走れます。でもパリ・ダカール・ラリーでは、そもそも道がちゃんと続いているのかがわからない状態で走っているわけです。

高さ一メートルぐらいの山があるとします。今百五十キロ出ている、そのままのスピードでポーンとジャンプするとどういうことになるのか。一回でも走っていればわかりますが、とにかくぶっつけ本番で走っているわけです。過去の経験から、「あのぐらいのうねりだと、このスピードだとこういう状態になるな。じゃブレーキをちょっと踏もう」というのを瞬間的にパッと決めなくてはならない。

一日に何百回と瞬時に決断する場面が出てくるわけです。瞬間的な判断が合えばいいんですけれども、間違っていると大事故にもつながります。なかなか百パーセントうまくいくということはありません。それは非常に怖いものです。何が起きるかわからないぶっつけ本番、多分それがこのラリーでいちばん難しいところではないかと思います。

●道がない

パリ・ダカール・ラリーで二番目に難しいのは道でしょう、というか道がないことでしょう。はっきり道があるところは全体の三分の一ぐらいです。全く道がなく、真っ平らだったり多少うねりがあったりする、砂漠や土漠、平原といったどこを走ってもいいというようなところが三分の一ぐらい。何年か前まではもしかしたら道だったのかもしれない、かすかなタイヤの跡があるようなところが三分の一ぐらいです。

そしてY字路になった分かれ道がたくさん出てきます。主催者から渡される地図にはどっちに行けとも書いてありません。そういうところが無数にありますから書いていられないのでしょう。

どちらか選んでピューッと行くとY字路、しばらく行くとまたY字路、こうなるところもあるし、そのままズーッと広がっていっちゃうところもある。

そのY字路のところに来たときは、瞬間的に右に行くか左に進むかを決めます。例えばAさんは左側を行き、Bさんは右側のコースを通った。それからCさんが来てやはり右側のコースを通ったとします。Aさんは何もなくスーッと行った。Bさんは途中にあった穴に落っこちて、車を壊してリタイアした。でもCさんは穴に気がついてゆっくり行ったので、何秒かロスするかもしれないけれど特に大事には至らなかった。そんな場面が一日に何十回、何百回と出てくるのです。瞬間的にパッと決めるわけですから、いつもAさんがいいほうを選ぶとは限りません。

この競技をやっていると、運と不運というのは大体みんな同じ数だけ持っているのではないかと思います。不運にも悪いほうのコースを選んでしまったときに、いかに早くそれに気がついて大事に至らないようにできるか、幸運の糸口を見つけるかが、その人の実力なのです。

Bさんはゴールすると、「いや、俺はほんとうについてないよ。あそこに穴があったんで、車が壊れちゃった」と、運のせいにするでしょう。大体、このラリーは終わると、運がよかった、悪かったという話ばかりです。ついてないときにうまくそれをカバーできるかどうかも実力のうちだと、このラリーをやっていると感じます。

道がないだけでなく、道があっても勝敗を決めるような分かれ道がいっぱい出てくる、それがこのラリーの二番目に難しいところだと思います。

●生活を組み立てる

ラリーは二週間あるいは二十日間も走るあいだ、立派なホテルに泊まって食べたいものを食べてという環境ではありません。寝るのはテントです。自分の車にテントを積んでいくのです。食事もすべて主催者が提供して、給食スタイルで出てきます。

アフリカというと、ジャングルや砂漠があって暑い場所だと考えがちですが、北アフリカは結構寒いのです。特にモロッコは標高二千メートル、三千メートル級の山が多く、雪が積もっているところもあります。それに岩山ですから、キャンプするときには岩の上で寝ることになります。寒いし、寝心地は悪いのです。

またドライバーは夜は寝ますが、メカニックは次の朝スタートするときまで夜通し車を整備してくれているのです。バイクと四輪とトラックを合計すると五百台もの車がいます。車の整備が終わるとメカニックは大丈夫かどうか試走をしますが、ラリー車は消音装置などはついていませんから、いわゆる暴走族みたいな轟音がします。

テントというのはほんとうに布切れ一枚です。寝ているほんの何メートルか横を暴走族が走り回っているというような環境です。それでも寝ないと次の日がもちませんから、ドライバーは何があっても寝なくてはなりません。つまり結構神経が図太くないと疲れがたまって走れなくなってしまうのです。

食事も、きょうはラーメンが食べたいなと思ってもそういうわけにはいきません。主催者が提供してくれるものは肉が中心です。それをずっと食べて生活するしかない。夜はまあまあのものが食べられるものの、朝食はフランス式で、パンにコーヒーか紅茶だけです。昼は食べません。食事以外に非常食として、ゼリー、カンパン、ナッツなどが入っている紙袋が主催者から提供されます。これは車に何かトラブルがあって動けなくなってしまったときのためのものです。

事故があった場合は一応三日以内に助けに来てくれることになっています。怪我をした場合には、携行しているSOSの発信装置をオンにすると主催者に連絡が行き、ヘリコプターで迎えに来て病院に運んでくれます。

ただし車が壊れただけで怪我人はないという場合には、ただ待っているしかありません。大体トラブルが出る日はあちこちのチームで続出します。そうすると何十台もの車やバイクがあちこちでリタイアする。

そうしたことに備えて、主催者は全競技者の一番最後尾にトラックを走らせています。このトラックはカミオンバレー(砂漠のお掃除車)と言われているのですが、途中で点々と立ち往生している競技者を乗せながら追いかけてきます。どうしても自分の車に乗って帰りたい人は、その場で私はラリーとは関係ない旨のサインをするとトラックは走り去ってしまいます。その後どうなろうと主催者とは関係がありません。助けてもらいたい場合にはトラックに乗りますが、車はその場に置いてこなくてはなりません。

カミオンバレーが来るまでに最長三日ぐらいかかることがあります。その間非常食を少しずつ食べながらそこで待っていることになります。

こんな調子ですから、寝るところも食事もあまりよくないのです。よくトイレはどうするんだと聞かれますが、砂漠ですからトイレというものがあるわけはない。いたるところトイレといえばトイレかもしれませんが、隠れるところは何にもない真っ平らなところでも用を足さないといけないのですから、慣れないとちょっと難しいでしょう。

ラリーはこのような環境や状況の中で生活が普通にできて、はじめて競争になるのです。生活が日本にいるときと激変しますから、順応するのは大変です。でも生活がちゃんとできないと、競争どころではありません。

パリ・ダカールは一月に開催されますからまだそんなに暑くありません。が、四月のアフリカはかなり暑くなります。毎年四月に行われるチュニジア・ラリーは、外気温が四十度を超え、もちろんエアコンなどはついていませんから車の中は六十度近くまで上がります。

常時水を補給するために五リットルのポリタンクをシートの後ろに積んで、そこからホースを引っ張っていつでも飲めるようにはしていますが、飲みすぎるとトイレの問題が出てくるのと、水が足りなくなると困るという用心からなるべく飲みません。でもあまり飲まないでいると脱水症状が出ます。尿の色が黄色からだんだん紅茶色になって、そのうちコーヒー色になる。そうなると脱水症状です。

そのチュニジア・ラリーで、同じ日に四人の競技参加者が、脱水症状で亡くなったことがあります。冬山の遭難と同じように、疲れたような感じがして眠くなるんだそうです。寝ている間にも体の水分はどんどん蒸発するわけですから、そのまま目覚めることなく亡くなってしまったのです。

生活がきちんとできるかどうかは、勝負を左右するばかりでなく、命にかかわる場合もあるのです。どのような事態になっても、平常心で普段通り生活しなければならない。これが、このラリーの三番目の難しさではないでしょうか。

●チームの目標とそれぞれの役目

我々のチームは、ドライバー、ナビゲーター、メカニック、医者、監督など全部で五十〜六十名で構成されています。フランスの競技ですからフランス人がいちばん多く、ドイツ人や日本人などいくつかの国の人々で成り立っています。言葉は通じません。

ですから自分たちのチームの目標は何か。優勝なのか、トップテンなのか、完走なのか、必ずはっきりさせておかなければなりません。車のどこかが壊れて部品を交換するとき、パリ・ダカールであれば一晩かけてゆっくり交換すればいいのですが、短距離競走のＷＲＣは秒単位の争いですから、いかに素早く部品を交換できるかが勝負になります。

例えばギアボックスを交換する必要が出てきたとします。車が走ってきて臨時のピットに止まった瞬間は、ギアボックスのオイルは百四十度ぐらいになっています。オイルを抜くときはどうしてもポタッと手についてしまいますから、熱いです。オイルは五分も待てば百度以下に下がりますから、トップテンに入ればいいと思っていると、メカニックはちょっと待ってから交換するでしょう。しかし、優勝がかかっているとなれば熱くても何でも必死でやるはずです。

また、そうやって作業をしているときに隣でタバコを吸っている人間がいたらだれだって腹が立ちます。でもその人間は自分の作業が終わるのを待っていて、自分が作業を終わったら、今度はその人が下に潜って次の作業をやるとわかっていれば、腹は立ちません。チームの中でそれぞれの役割が何かをみんなが理解していないと、チームはうまくまとまらないでしょう。

自分たちのチームのねらっている目標と、その中でのそれぞれの役割、この二つさえわかっていれば、言葉が通じなくてもチームはうまくいきます。何回かこの競技をやっていてそう実感しました。

少し違う話になりますが、日本人は、というか私だけがそうなのかもしれませんが、例えば、ラリードライバーになる夢を実現する努力はしても、ラリードライバーになると、なっただけで安心してしまいがちです。なってどうするというのがない。パリ・ダカールで優勝するんだ、というところまでなかなか行かないのです。外国人は何をするというところに重きを置きます。

いい大学の学生になることではなくて、なって何をするのか。プロ野球の選手になる、というのではなくて、なって何をするのか。そういうところまで目的意識を持たないといけないのではないでしょうか。そこが我々は外国人と大分違うのです。そんなこともこのラリーをやっていて強く感じました。

●ラリーで勝つためには

ラリーで勝つにはいくつかの要素があると思います。

まず、とりあえず車が速く走らないといけない。さらに、速く走っても壊れない車でなければいけないし、もし壊れたときには直しやすくないといけない、言い換えると、どこが壊れているのかが簡単にわからないといけないのです。

例えば家電の電気が止まった時、ほとんどの場合が配電板のヒューズを交換するだけでなおるように、車が動かなくなった時は、そこさえ交換すればよい部分、車にとってのヒューズになる部分を作る必要があります。エンジンのパワーは、エンジンからクラッチ、ギアボックス、プロペラシャフト、ドライブシャフトと、いくつかの部品を伝わって、最後タイヤに伝わって動くわけです。エンジンのパワーを上げるということは、パワーが伝わるすべての部品を強くすることになり、強くすると当然重くなる。少しでも車重を軽くするため、一目で壊れているとわかる場所で、手早く交換できる部分を少し弱いままにして、そこをヒューズにするわけです。

我々はその部品を持って走ります。壊れるときはそこだとわかっていれば、トラブルが起きた場合、そこを見ればいい。強くて直しやすく、速い車であることが一番です。

次にドライバーが速くなくてはいけないのは当然ですが、車は機械ですから、無茶な使い方をすれば壊れます。ですからドライバーは、八割ぐらいで走らないといけないときや、百パーセントで走ってもいいときを、判断できなければいけません。ところが、ちゃんと判断はしても、もう勝てないとわかると、強引な走り方をして車を壊してしまうドライバーがいるのです。そうではなくて、その車の最大限の可能性を引き出しながら、やはり最後まで壊さずに車を走らせるのがプロのドライバーです。また長いときには二十日間も一緒にチームの中にいる以上、チームで浮き上がるようではよくありません。

三番目はナビゲーターです。車やドライバーがいくら優秀でも、とんでもないところを走っていたのではいいタイムは出ません。パリ・ダカールはみんながみんな同じところを走るとは限らない。どこを走るのが最良か、ナビゲーターの裁量でコースが決まります。それが外れると車の中でドライバーとけんかになります。一日に最低でも五、六回はけんかします。私は以前はフランス人と、去年の秋からはイギリス人と組んでいますが、外国語でけんかするると、いちいち言い返すのが面倒になってけんかも長続きしません。日本人同士で組むとけんかが後を引くので、私は外国人のほうがいいと思っています。ドライバーはカァーッと興奮していますから、ナビゲーターはそれをうまく押さえないといけない。女房役が上手な人がいいのです。

四番目はチームのノウハウです。先ほど言ったように、ガソリンは何リッター入れるか、スペアタイヤは何本積むか、という判断です。我々の車は四本のスペアタイヤを積めますが、四本積むと重くなるので、今日はパンクの危険は少ないと判断すれば三本にしたり二本にしたりします。予想が外れてスペアを使い切ると、走れなくなってひどい目に遭うのです。ドライバーが安心して思いきり走れるかどうかは、チームのノウハウにかかっています。

五番目にはやはりお金です。資金がなければいい車はつくれない、スペアパーツもふんだんに使えない、いいドライバーが雇えない、いいナビゲーターが雇えない、ということになります。

この五つの要素がちゃんと整って、初めて「さあ競走!」ということになるのです。どれか一つでも欠けると勝負になりません。

この五つを整えるには時間もかかるし非常に大変です。

私はもう十五年ラリーをやっていますが、毎年どこかがうまくいかなくて、ああすればよかった、こうすればよかったという心残りが必ずあります。だからなかなかやめる気にならないのかもしれません。一九九七年に優勝をしたときには、もう引退するのではないかと思われたようですが、まだまだ引退する気はなくて、いまだにやっているわけです。

優勝の醍醐味は素晴らしい。一度味わうと、何度でも味わいたいと思います。優勝経験者はだれでもそうでしょう。ただ、命をかけても勝つんだという情熱がいつまで続くかは、ちょっとわかりません。次のパリ・ダカールでもし優勝したら、これでもういいと思うかもしれないし、成績はよくなくても、もう走れないと思うかもしれません。それはその都度考えていく必要があるでしょう。

十八歳でラリーを始めたときに、何となく自分の行く方向が決まったと感じました。ラリーでいい成績を収めることで少しずつ階段を上ってきたと思います。人脈だとか、地位だとか、名誉だとか、信頼だとか、幸せだとか、満足だとかいろいろなことがあるのでしょうが、そのすべてをラリーが運んできてくれたのではないかと感じています。

ある人には全く興味のない、何の役に立たないことであっても、ある人にとってはものすごく役に立つ、ものすごく好きなことだったりする。出会いというのはかけがえのないものです。

ありとあらゆる人やものとの出会いがあってこそ、自分の好きなこと、自分の得意なことを発見できる可能性があるわけです。自分でやりたいものというのは、おいそれとは見つけられません。しかし、ある日突然、人がふと与えてくれたり、何の気なしに教えられたものに衝撃を覚えて強く興味を持つようになる。そういうことはたくさんあるような気がします。そのめぐり合わせがすごく大切なのです。この私とラリーのように。

文化の違いを超えて

曙　太郎

聞き手　石橋省三

曙太郎（あけぼの　たろう）

一九六九（昭和四十四）年、ハワイ・オアフ島に生まれる。ハワイの大学ではバスケットボール選手だったが、東関部屋に弟子入りし、八八年に初土俵。貴乃花、若乃花、魁皇とは同期生。突き、押しを得意とした。初土俵から負け越し知らずで関脇に昇進、九三年に横綱となった。二〇〇一年に引退。優勝十一回。

●日本語を覚える

——相撲界に入った当初は相当ご苦労があったのではないかと思いますが、——最初のご苦労はどんなことでしたか。

ハワイから来て、とにかく寒かった。それがいちばん最初に困ったことです。ハワイで買った暖かい服など通用しませんでした。

——曙関は日本語をみごとにマスターしていらっしゃいますが、私が印象に残っているのは、平成九年の五月場所で横綱が優勝したときのインタビューでの第一声です。横綱の口から「感無量です」という言葉が出てきたんです。これはどこで覚えられたんですか。

相撲を取る前に大銀杏を結ってもらうのですが、結う人が高砂部屋の大先輩で、これで優勝したらうれしいなと言ったら、横綱、これで優勝したら、僕、感無量です、とその先輩に言われました。意味を聞いたら、言葉が出ないぐらいうれしいんですよということだったので、それを使わせてもらいました。あのときに初めて聞いて覚えた日本語です。

——日本人は長い期間教育を受けながら英語がしゃべれないと言われますが、曙関はごく短時間のうちに日本語をマスターしました。

僕たちの場合は、プロ野球選手とは違って下っ端から入ります。通訳なしで大部屋に入れられますから、自分で努力して覚えていかなければなりません。日本に来たときは、おはようございますも言えませんでした。

努力次第です。覚えたいという気持ちが強ければ、すぐ覚えられると思います。僕は聞いた言葉をすぐ口から出して、いや、そうじゃないよと直されて日本語を覚えていきました。

——カラオケや、テレビや、歌を歌ったりされたそうですね。

テレビは時代劇が多かったです。結構好きでした。

新弟子に入って三週間で電話番やちゃんこ番をやらなければなりませんから、とにかく早くみんなとなじめるように、一生懸命にやりました。三週間ぐらいたつと、電話を取って普通に、どちらさまですかと言えました。

——もっとも相撲部屋の中だけなら「ごっつぁんです」「お疲れさんです」の二つの言葉があれば足りますね。

そうですが、ほかの力士も若いし、おもしろがってとんでもないことを教えるのです。例えば、親方（東関親方、元高見山）が外から帰ってくると、弟子たちはお疲れさんでございますとあいさつに行きますが、先輩に、ああ、疲れちゃったと言え、と言われて、親方に向かって、普通のあいさつのつもりでそう言ったら、その場で殴られました。

——小錦関、武蔵丸関、現役時代の高見山関、旭鷲山関など、みなさん日本語が上手ですが、言葉がしゃべれるようになれば、相撲の世界で自信を持って生きていけることにもつながっていくんですか。

日本語がうまくなる理由は二つあります。一つは、日本語を覚えないと、稽古場で何が教えられているのかがわからない。相撲を早く覚えて早く強くなりたいなら、まず言葉から覚えないといけないのです。

もう一つは、みんな気づいていないと思うのですが、ハワイ語もサモア語も日本語と一緒なのです。あいうえお、かきくけこも同じだし、日本語には昔のハワイ語と似た言葉がたくさんあります。日本語で「負けた」と言いますが、ハワイ語で「マケ」というのは死ぬということで、大体同じような言葉です。だから、あまり苦労した覚えがありません。

●入門したころ

――そうして言葉が上達して、相撲をやっていけそうだと感じ始めたのはいつ頃ですか。

半年ぐらいたった頃です。相撲はハワイでやったことのあるスポーツと全く違っていました。アメリカのスポーツは、フットボールでもなんでも、つま先で立ってぶつかっていきます。相撲は、足を全部外に向けて、かかとを上げないで取るので、今まで使ったことのない筋肉を使うのが大変でした。相撲独特の四股《しこ》[*1]の踏み方とか、伸脚、股割り[*2]は苦労しました。

――高校時代にやっていたバスケットボールが、相撲で活かされたことはありますか。

活かされたところもあります。足や腕が長いから相手を寄りつかせないとか、シュートするときの手首の使い方は相撲と似ているところがあります。

そういう面ではよかったですけど、問題は下半身です。足が長い分、いくら腰を割っても普通の人の身長ぐらいはありましたから、最初の半年ぐらいは大変でした。

——師匠の東関親方は、足が長すぎて相撲に向いていないと考えたこともあったようですね。

初めは僕のほうから日本に行きたいと言ったのですが、親方から、背が高すぎて相撲はだめだろうと断られました。親方は僕の弟を欲しがっていたのです。それで親方の知り合いが週末になると弟を迎えにきて、砂浜で四股を踏ませたりしていたのです。僕もやりたくて、一緒に連れていってもらいました。

じつは僕が新十両に上がったころに弟も相撲界に入ったのです。でも日本の相撲界は独特の縦社会で、日本人でも理解できないようなところですから、すぐ帰りました。

●縦社会に慣れる

——縦社会というお話が今出ましたが、相撲界の人間関係はアメリカには全くない世界ですね。

ないです。僕がやってきたスポーツはどれも実力社会です。一年生でも強ければ上級生よりも上でした。

——相撲では、一日でも先に入れば先輩で、その先輩のほうが偉いのですね。

そうです。その面も少し苦労しました。いくら稽古場で相手に勝っても、稽古が終わればこき使われました。納得はいきませんでしたが、今はまあ仕方がない、と思っていました。

——それが大きなバネになったのですね。

そうです。日本人の力士も一生懸命にやっているわけです。ハワイから来る人は年も十八で体も大きいし、十五歳で入ってくる日本人の新弟子よりも力があります。ですから、調子に乗らないように最初は徹底的にやっつけられるのです。先輩は強いんだと見せつけられるんですね。やっているときはつらかったですが、今ではよかったと思います。

——相撲の世界は縦社会である反面、実力社会でもありますね。

十両に上がってからは実力社会です。でも先輩、後輩の関係は新弟子のときからたたき込まれているから、なかなか抜けないんです。

僕や藤島親方（元横綱若乃花）、貴乃花関、横綱の武蔵丸関と、みんな出世は早かったのです。だから頂点に立っていても、番付が下の兄弟子が大勢いるわけです。僕も、今はもう慣れましたが、新大関、新横綱、初優勝のころには下に兄弟子が何人もいますから、喜びたいのに喜べませんでした。喜ぶなと言われているわけではありませんが、どこかにそういう暗黙のルールがあってちょっと苦労しました。

今相撲界でいちばんきついのは大関の雅山関でしょう。まだ入って三年ですから普通の部屋なら新弟子です。彼はもう大関ですが、たまに若い衆に頭を下げている場面も見られます。僕たちは、番付の意味がなくなるからそういうことをしてはいけないと注意するのですが、癖が抜けるまでは大変です。

●番付の世界

——相撲の世界は番付の世界といって、本来は番付が一枚でも上であれば威張っていられるわけですね。

そうです。例えば西十両十三枚目と東幕下の筆頭では半枚しか変わりませんが、西十両十三枚目は毎月給料がもらえるし、付け人がつくし、自分の部屋がもらえます。幕下筆頭は二カ月に十万円ぐらいの手当しかもらえないし、大部屋で寝る、自分の身の回りのことは全部する、ちゃんこ番もする、朝も早い。半枚でそれだけ違います。

――そういう差別が、もう一つ上の地位をねらおうという大きな力になるのでしょうね。

僕はそうでしたが、今の若い人は何を考えているかわかりません。

僕は昭和六十三年の入門ですが、僕が入ったころと今の若い人は変わりました。僕たちは毎日高砂部屋に連れていかれて、死ぬんじゃないかと思うぐらい稽古をしてきました。今そういうことやったら、やられた人が逃げて、親に言って、警察に連れていかれます。そういう面ではやわらかくなったと思います。

新弟子は十五歳で入ってきますが、まだ子どもです。近所で強かったから通用すると思っている若者も多いのです。部屋のいちばん弱いお相撲さんにやられて、ショックを受けてすぐに逃げるのもよくいます。

――今大関で頑張っている千代大海関も、相撲界に入る前は剃りを入れたツッパリ少年で名をなしていたのですが、相撲界に入ったら兄弟子のいじめにあったようです。

僕も千代大海関と同じ一門ですけど、彼が入ったころはそういうことをやっていたとは思いませんでした。支度部屋で会っても非常に礼儀正しい男です。この社会に入ってきたら、以前のことはおいてこなければいけません。昔は昔、今は今です。

●横綱の役割

――一般の世界ではよく、出る杭は打たれるから、あまり頭を出さないようにしようと言いますけれども、相撲の世界では、出る杭を打つことが日常でしょう。先頭に立って出る杭をたたきまくっているのが横綱です。新人のいいのが出てきたなと思えば、すぐに行って頭をたたくのは横綱ですね。

僕たちは自分を鍛えるのが仕事ですが、相撲協会のために新しい世代を強くするのも、横綱の責任です。自分ばかりだと周りはだれもよくなりません。

そうしてきたのは、僕がやらなければとの思いからでした。僕がちょうど上がったころ、まだ北勝海関、千代の富士関、小錦関、旭富士関がみんないました。小錦関は横綱になるかならないぐらい、優勝が続いたころで、僕は毎日同じ一門で高砂部屋に連れていかれて殴られて、何回も帰りたいと思いましたが、やはりそうやって鍛えられてここまで来たのです。僕もまた次の若い衆にそうしてあげたいし、たたくとかいじめるというつもりは全くありません。

僕たちが入ったころは、目をつけられると、うるさく言われるのをありがたいと思いなさいと教えられました。親方が何も言ってくれないのがいちばん危ないのです。

――曙関は、平成五年の一月場所後に横綱に昇進しました。そして横綱になって最初の夏巡業のときに、白羽の矢を立てて鍛え抜いたのが武双山関でした。武双山関に目をつけたのは、これは鍛えればものになる、自分の後継者になるという意識があったのですか。

武双山関は出世も早かったし、強かったですね。

うちの部屋には稽古をする相手がいないので、僕はよく他の部屋に稽古に出かけるのです。武蔵丸関がいる武蔵川部屋によく行きました。胸を貸すのは、武蔵川親方にお世話になったという気持ちもありました。

——曙関は、先輩の北勝海関や、同じ一門の千代の富士関に鍛えられて現在の自分があるという意識があるわけですね。ですから、今度は自分が次の時代を担う若い力士を育てていこうと思うと。

そうです。ほんとうは同じ一門とか同じ部屋がいいんですけど、今の相撲の人気を思うと、そんなことを言っている場合ではないのです。若い者が出てきたら強くして、お客さんが満足する相撲を目指して一生懸命にやっています。

●鍛えられて今がある

——相撲の世界はおもしろいもので、自分の部屋の力士とは対戦がありません。弟弟子がいくら強くなっても横綱と対戦しませんから、鍛えて強くしても横綱にとってはマイナスにはならないわけですね。ところが、よその部屋の力士を一生懸命に鍛えてその力士が強くなれば、本場所で対戦するわけです。例えば曙関はさっきお話しした武双山関と対戦して、最初の対戦では武双山関に負けていますね。これが下の力士からすると、横綱に勝って初めて恩返しをしたという言い方をしますね。これはあまりありがたくない恩返しですね。

そのときだけ考えればありがたくないですが、そうはいかないのです。僕も小錦関に鍛えられて、初めて当たったとき勝ちましたから、そんなことは意識しなかったです。

——もっと昔の話では、横綱に初めて勝つとわざわざお礼に行ったのですね。すると気の利いた横綱は、よくやったなと言ってお小遣いをくれたと言います。相撲の世界は、そういう点では非常におおらかですね。

そうですね。武双山関もあいさつに来ました。僕が懸賞金をくれと冗談を言ってもくれなかったですけど。

——相撲の世界では、いずれ自分が負けるかもわからない力士を一生懸命に育てるのですね。

僕もそうされたから、そうしてあげたいです。でも裏返せば、全部たたきつぶして優勝すれば文句ないのです。

——例えば、かつて千代の富士関が琴錦関に目をつけて、巡業で琴錦関をわざわざ呼び出して稽古をつけました。稽古でいやというほど痛めつけると、琴錦関は千代の富士関は強いということを本場所で思い出すのですね。

それはあります。仕切っているときに一瞬、怖い姿がふっと入ってきます。これはやったことがある人じゃないとわからないです。

——そういう効果はあるんですね。

あります。

●怪我をしてわかったこと

——横綱や大関は、自分よりも下の者を一生懸命に育てる義務があります。曙関は、そういうことをやっているのは自分が最後ではないかと心配されていますね。

半分心配しています。横綱や大関たちも最近はほかの関取衆に胸を貸したりしているようです。若いときは自分の稽古だけすればいいと思ってしまいます。今相撲界をしょって立っている三人の横綱（貴乃花、武蔵丸、曙）は、怪我をしてよかったと思います。貴乃花関も武蔵丸関もあれだけ強くて、優勝してそのまま突っ走っていったら、これからの人生もずっと調子に乗ったまま過ごしてしまうでしょう。僕もそうでした。だから怪我をして一度ゆっくり時間を与えられて、怪我のつらさとかいろいろなことを勉強させてもらいました。これがよかったと思うのです。

——曙関は、今年（二〇〇〇年）の名古屋場所の優勝は三年二カ月ぶりの優勝だったわけですが、その間悩んだ経験もあるわけですね。

ほんとうに大変でした。引退届を書かせてほしいと、何回も親方に泣きながら頼みました。スポーツ選手にとって、自分の体が自分の言うことをきかないことほどつらいことはありません。実際の年は若いとはいっても、十三年相撲を取ってきてもう古いほうです。でも自分が年を取ったことに、怪我をするまで気づかなかったのです。それまで無理をしたり、二日酔いで稽古することが多かったので、体のコンディションをつくることや、自分のペースを守ることなど、いろいろなことを勉強させてもらいました。

——（大西）［慶應義塾大学スポーツ医学研究センター］私はスポーツ医科学をやっていますが、筋力トレーニングとか、いわゆる日本古来の股割りや四股や鉄砲[*3]といった練習内容が、最近変わってきていますか。

向こうから来る人と日本人のお相撲さんとは体つきが違うと思います。僕たちの場合は、高校生のときからバスケットとかフットボールをやって、ウエートトレーニングの大切さを教えられます。最近はお相撲さんがジムに通うようになって、相撲の稽古以外の稽古をするようになりました。それで助かった人もいるでしょう。ただ、怪我してからでないとなかなかウエートトレーニングの大切さに気づけない。少しずつは変わっていると思いますが、まだまだです。

——中学を卒業して新弟子として入ってきた若い子たちは、まだ体もできていないし、そのころからウエートトレーニングをしていけば、怪我の予防にもなるでしょうね。

そうだと思いますが、うちの部屋も何回も経験しましたが、若い人は無理やり引っ張っていかないとついてこないのです。自分でやれと言ってもなかなかやりません。

——若い人たちを引っ張っていくのは苦労が絶えないのですね。

部屋をつくるときに協会できちんとトレーニング用の部屋をつくるのが一番いいのです。新しくできた部屋にはウエートトレーニングの部屋がありますが、古い部屋にはほとんどない。今五十部屋以上ありますが、これからつくる部屋はそういう施設をつくるべきでしょう。それが無理なら協会がつくって、みんなが部屋別で行けるようにしておけばいいと思います。

——（大西）相撲協会でも、新しいトレーニングの機械とか測定器をどんどん入れるといいですね。

僕が初めて怪我をしたとき、どうしてもアメリカのＮＢＡやプロ野球界の考え方をしました。横綱といえばマイケル・ジョーダンと同じぐらいです。マイケル・ジョーダンが怪我をしたら、すぐにブルズの病院に連れていかれて治療されます。僕が怪我をしたときは、自分でやれという感じでした。いくら日本語がうまいといっても医学用語まではできないし、医者の言うことがわかりません。結局アメリカに帰って治療しました。

——（大西）日本相撲協会の中には相撲診療所がありますが、部屋付きの医者とかトレーナーはいるんでしょうか。

自分で雇わない限りいません。僕や武蔵丸関は、向こうにトレーナーがいたからそれがわかっていますが、十五歳で入門したようなお相撲さんは相撲の社会しか見ていませんから、たとえ横綱まで上りつめても、わからないでしょう。

だから周りが考えるべきだと思います。スポーツ選手は大怪我をしてからでないと病院に行かないのです。

——怪我をする前の曙関と今の曙関とは、大分違いますね。怪我をして、人間がもう一回り大きくなったような印象を受けます。怪我とか挫折は、人生にとっては非常に大事なものですね。そう思います。僕はわずか五年、三十場所で前相撲から横綱まで上がりましたから、壁は一つもありませんでした。ほんとうに生意気で、周りが融通をきかせてくれるというか、相撲に勝っていれば何も言わせないという感じで振る舞っていました。だからさっき言ったように、怪我をしてよかったです。調子に乗ったままここまで来ていたら、もう大変でしょう。

——挫折をしても、それに負けないようにしないといけませんね。

僕は、怪我や結婚や子供が産まれたことなど、いろいろなことを重ねて今の自分があると思います。自分の子供を持ってみて、まだ二歳半と、下のほうが半年ですけど、親方の苦労がいくらかはわかるつもりです。自分の子供を育てるだけでも精いっぱいなのに、人の大切な子供を預かって強くしてあげようというのは、勇気が要ることです。自分の子供がいなかったら、そういうこともわからないと思います。

今は現役で相撲を取っていますが、その人の大事な子供を預けてもらうと責任を感じます。うちの子供だったらこうしてほしいとか、こうしてほしくないとか考えますから。そういう面では丸くなっていきますが、丸くなりすぎると勝負勘がなくなるから、ほどほどにやっています。

●相撲道は生き方

――曙関は外国人記者のインタビューで、プロ野球の選手はユニフォームを脱いで着替えれば普通の人だが、力士の場合は、廻しをはずしても頭にはチョンマゲが残っているということを言っていましたね。

僕にとっては、相撲道です。ただのスポーツではなく一つの生き方です。二十四時間、相撲取りなのです。

相撲は団体生活だし、食事にしても、部屋をきれいに掃除するにしても、洗い物にしても、お相撲さんは全部自分でやります。それに、部屋にいても外に出ても一目でわかる。だから、一つの生き方だと思います。

――そういうことは、どうやって理解していくんですか。

一言で答えるのは難しいですね。新横綱になったときに、品格のあるなしの問題はありました。僕は、品格はたたき込まれて身につくものではなく、持って生まれたものだと思います。品格を出そうとか、相撲道の一つの生き方を無理やり出そうとか、そういうのではない。僕はただ普通にやっているつもりです。前の人生はお相撲さんだったのでしょう。

――今おっしゃったような相撲道ということになってくると、もうスポーツの領域を超えている部分があるのではないでしょうか。

僕は相撲で飯を食べさせてもらっていますが、相撲は、給料とか報酬がプロスポーツの中で最低です。でも僕は相撲が好きでしょうがない、だからお金ではないと思うのです。

二十一世紀になって、これだけ世の中が変わって、これだけ立派な日本相撲協会という伝統あるものがまだ残っているのは、日本の誇りだと思います。だから僕は相撲をやってよかったと思っています。

相撲の関係者に言いたいのですが、世界に取られる前に何かしておかないとだめです。相撲がオリンピックに出るようになったら、ただのスポーツになって世界に持っていかれるでしょう。柔道がそうでした。そうなる前に動いてほしいと思うところがあります。

何百人の力士の中で、たった六十七人しか綱[*4]を締めたことがなくて、それは何万、何千万人の一人なのです。土俵入りにしてもこれだけの型が残っているのだし、そういうことを大切にしたいのです。

●横綱という立場

——曙関が入門したときは、ちょうど千代の富士関の優勝回数が二十回を超えて天下無敵でしたね。その当時曙関は、千代の富士関を神様みたいな存在だと感想を漏らしたことがありましまね。

テレビで見ていると、相撲は勝負が早いし、ただ当たって前に出た人が勝つんだろうくらいに感じるものでしょう。僕もハワイにいるころは、大きいだけの人が二人立ち上がって、早く動いたほうが強いんだろうと思って、ばかにしていました。

でも入門してみたら、そんなものではありませんでした。十五歳の序ノ口で、一年先輩がいたんです。一七三センチあるかないか、体重も九〇キロもなくて、協会の検査をぎりぎりで通ったくらいの体でした。僕は、初めて廻しを締めて、その若い先輩に思い切りやっつけられました。それで、それまでの考えががらりと変わりました。こんなに小さい十五歳の先輩がこれだけ強いなら、大関、横綱はとんでもない存在だと思いました。

――その横綱に自分自身が昇進したときは、どんな気持ちだったですか。

今どんな気持ちかとか、上がったころどんな気持ちだったかとか聞かれても、今は答えられないと思います。うまく説明できないんですが、引退して五十ぐらいになって、ハワイの椰子の木の下でビールを飲みながら、そういえば、昔、横綱になって、と、初めてその気持ちが言い表せると思うんです。今はただ自分が好きなことをやっているだけです。相撲を取るのが、ほんとうに好きでしょうがないんです。

――曙関は品格、力量抜群の力士といわれていますね。

周りで見ている人たちはそれだけ余裕があるのです。僕も今は余裕ができましたが、僕が上がったときは横綱がいなかったから、見習う人がいませんでした。それまでは周りからこうだ、ああだと言われ、上を見習って覚えてきたわけです。

それで、先代の二十八代木村庄之助さんの後藤さんにお世話になりました。庄之助さんは相撲を五十年近く見ていた方です。いろいろな横綱を見ているし、つき合いもあったし、それでこの横綱はこうだったとか、あの横綱はすごかったとか、話を聞きました。僕は自分なりにそれを活かしたつもりです。

――曙関は非常に気持ちの優しい人です。横綱に付け人でついていた高見若という若いお相撲さんが引退しましたが、その断髪式に曙関も参加してはさみを入れました。断髪式が終わったとき、曙関は会場に落ちていた高見若の髪の毛をさっと拾って自分の懐に入れましたね。あれは記念に持ち帰ろうと思ったんですか。

今でも持っています。

――自分のために尽くしてくれた弟弟子に対する思いやりを感じましたね。

土俵の上に立つと一人ですが、みんなの支えがあるから、安心して土俵の上に立てるのです。強い人の裏にはいろいろな人がいます。特に僕たちの場合は、東京にいるのは五カ月あるかないかで、ほとんど家にいませんから、家族にも半年会えないのです。しっかりしている若い衆、しっかりしている女性、こうした人たちに支えてもらわないと、心配で土俵に上がれません。

●東関親方のやり方

――この講演は「文化の違いを超えて」というタイトルですが、今は異文化という感じは全くないですね。

今は日本のほうが暮らしやすいように思います。ハワイに戻って家で母とテレビを見ていても、向こうの番組より衛星放送でＮＨＫのニュースを見てしまいます。それで母に変な顔をされます。

――色紙にはどんな言葉をお書きになるんですか。

「春はあけぼの」。でも好きな言葉は「忍」です。人生はなかなかそんなにうまくいきませんから。

――親方と交わす会話は日本語ですか。

今は、内緒話をするときには英語でしゃべります。うちの師匠は自分にも厳しいし、弟子にも厳しい師匠ですから、礼儀や義理をうるさく言います。僕が入門したてのころから、親方は僕が日本語がわからないと知っていても、稽古場では日本語だけでした。

それで強くなって、日本語を覚えてから、初めてそのわけを教えられました。親方は日本に帰化して二十年以上になりますが、どうしてもハワイの人だと見られてしまいます。でも日本人だという気持ちが強いし、ハワイの人を特別扱いすると思われたくない。だから稽古場で、言葉がわからなくても日本人の弟子と同じように扱うのです。

何を言われているのかわからないような顔をすると、竹刀で殴られました。それで初めて、何か悪いことをしていることがわかるわけです。

――曙関は東関親方のもとに入ってよかったですね。

東関部屋でなければ、ここまで強くなっていないと思います。

もう一つ、昭和六十三年春の入門でなければここまで強くなっていなかったでしょう。うちの同期生には、若乃花関、貴乃花関を筆頭に強いのが大勢いましたから。魁皇関もそうだし、同期生で関取に上がっているのは十人もいるのです。

ライバル意識とか、負けたくない人がいなかったら、ここまで来ていないでしょう。

――曙関は、ライバルは自分自身だと言ったことがありますね。

あくまでも当たる相手がライバルです。勝負ですから緊張するのは当たり前ですが、まず自分に負けないように、とは思います。でも負けるなら、自分に負けるのではなくて相手に負けるほうがいい。ライバルは目の前に立っている相手です。

自分に負けるのはつらいです。何もしないで負けているような、一人で相撲を取って一人で負けているような気がします。怪我をしているときはそういう相撲が多かったのです。突っ張っていって、電車道で、自分で土俵の外に出ていって、なんてばかなことを、と何度も思いました。

――大きな怪我をして休場していた間には引退説も流れました。そこから立ち直るにはご苦労もあったのでしょう。

何が立ち直らせてくれたかというと、うちの部屋にいる若い衆はほとんど僕の横綱の姿しか見ていないんです。それで、お互いにしゃべっているのが通りがかりに聞こえるんですけど、部屋に入ってから横綱の優勝パレードを見たことがないとか、一回見てみたいなとか、純粋な気持ちで十五、六歳の子供が言っているんです。

僕は三回、半年以上休んでいます。普通なら一回目の休場でやめているんです。一回目は、ものすごく若かったし、気持ちがまだ荒かったから、もう大変でした。二回目からは、横綱審議委員会まで、やめさせるとかいう話もあったようです。

やはり自分に自信を持たないと何も始まらない。若い衆もかわいいと思っているから、優勝パレードを見せてあげたいという気持ちが強くて、これが復活の一番大きい励みだと思います。

――最後に最近の夢や目標をお聞きしたいのですが。

一つには十五連勝したいですが、とにかく一日も長く、皆さんが喜ぶような土俵姿をお見せしたいですね。それが今毎日一生懸命頑張っている目標です。

いずれはやめるときが来ると思うんですが、僕は日本に来ていろいろなことを勉強させてもらいましたので、どんな形になるかはわかりませんが、それを伝えて、少しでも次の世代の役に立てればいいなと思います。それが夢です。

注

＊1　四股　力士の下半身を鍛える基本的な運動。足を開いて構え、左右かわるがわる高く掲げて手を膝頭にそえて力をこめて地を踏む。

＊2　股割り　両脚をいっぱいに開き、地面に上半身をつける稽古。

＊3　鉄砲　腰を割り脇を固めて、足を踏み出しながら手で柱を突く稽古。

＊4　これだけの型　土俵入りは雲龍型と不知火型があり、江戸時代末期につくられた型として後世に伝えられた。

あとがき

慶應義塾大学日吉キャンパスには、文・経・法・商・医・理工学部の一、二年生一万一千人が学んでいます（文学部は一年生のみ）。

「極東証券寄附公開講座」は、日吉キャンパスあげて開催する初めての試みでした。

日吉に学ぶ学生に加え、地域社会に開かれた断続的な講演を、どのように開催するかの検討は十四名の運営委員が討議した後、『「学ぶこと」を考える』をテーマに、伝統芸能、芸術、ジャーナリズム、スポーツ、NPO、医療といった分野の方々へ講演を依頼し、十名の方にご快諾いただきました。

学生、および地域社会の方々には、告知の時間的余裕は十分とはいえませんでしたが、聴講を希望される方には事前に登録していただくように準備を進めていきました。

秋学期の始まって間もない十月十一日を皮切りに、慶應義塾の学園祭である「三田祭」期間を除いて十二月十八日まで、十回にわたって「極東証券寄附公開講座」を日吉キャンパス第四校舎J十四番教室で開催しました。この教室はマルチメディア情報環境の整った大教室です。

毎回、二百名を超える学生と地域社会の方々が熱心に聴講され、講演終了後にはさまざまな鋭い質問が出されました。最終回には五回以上出席した方に「修了証書」を授与しましたが、その数は二百十名にのぼり、初めての「寄附公開講座」の試みは、成功裏に幕を閉じることができたと思います。

慶應義塾日吉キャンパスとして、今回の断続講演を「記録」としてだけではなく、あらためて学生および一般社会人に向けて、書籍の形でまとめることができるのは、望外の喜びです。

最後に、慶應義塾日吉キャンパスにこのような試みの機会を提供してくださった極東証券株式会社社長・菊地廣之様、ご多忙の中、日吉キャンパスでの講演をしていただき、本出版にご賛同くださいました講演者の皆様に心から感謝の意を表し、厚く御礼申し上げます。

慶應義塾日吉キャンパス極東証券寄附公開講座編集委員会

二〇〇一年九月

「学ぶこと」を考える

2001年10月10日　初版第1刷発行

著者――――――中村富十郎、小池一夫、佐高信、湯浅譲二、冨田洋、山崎一彦、
赤坂真理、河瀬斌、篠塚建次郎、曙太郎

編集発行人―――羽田功

発行所―――――慶應義塾日吉キャンパス
〒223-8521 神奈川県横浜市港北区日吉4-1-1
TEL 045-563-1111（代表）

制作・販売所――慶應義塾大学出版会株式会社
〒108-8346 東京都港区三田2-19-30
TEL〔編集部〕03-3451-0931
〔営業部〕03-3451-3584〈ご注文〉
〃　03-3451-6926
FAX〔営業部〕03-3451-3122
振替　00190-8-155497

装丁――――――巖谷純介

印刷・製本―――中央精版印刷株式会社

カバー印刷―――株式会社太平印刷社

Printed in Japan
ISBN4-7664-0874-8